차이와 평등의 딜레마

재일한국人

국립중앙도서관 출판시도서목록(CIP)

(차이와 평등의 딜레마)재일 한국인 / 박일 지음 ; 전성곤
옮김. -- 파주 : 범우, 2005
    p. ;   cm

참고문헌수록
ISBN 89-91167-56-X 03330 : ₩9000

332.4-KDC4
305.8-DDC21   CIP2005002161

차이와 평등의 딜레마

재일 한국人

박일 지음 · 전성곤 옮김

종합출판 범우

차례/재일 한국인

제2부 '재일'을 생각한다

* 본서의 '재일在日'이라 함은 다양한 역사적 배경 아래에서 일본에 살고 있는 원래의 '조선(북한) 국적'과 '한국 국적' 그리고 귀화하여 '일본 국적'을 취득한 총체적 개념의 한국인을 가리키는 말이다.
* 본서에서는 각각의 상황에 맞춰 '재일 한국인' '재일 조선인'을 나누어 사용했으며, 총칭으로 '재일 코리언'이라는 표현도 함께 사용하였다.

본서에 사용된 용어 예

* 자료의 인용에 있어서 일본어의 원 한자를 그대로 번역하려 했으나 문맥상의 의미전달에 피해가 없는 한도 내에서 그 한자를 풀어서 순 한글로 개정한 예도 있다.
* 지명의 호칭에 있어서 두 개의 형식을 사용했다. 첫째는 지명의 일본어 발음을 국제음성기호 법칙에 적용해 표기했다. 둘째 도, 부, 현의 표기법은 그대로 한국어를 적용하였다.
  * 〈예〉大阪 → 오사카
  * 神奈川縣 → 가나가와현
* 인명은 일본식 발음으로 문교부 고시 외래어 표기법(문교부고시 제 85-11호, 1986.1.7)에 적용했으며, 그 뒤에 한자(일본어)를 부기했다.
  * 〈예〉新井將敬 → 아라이 쇼케이新井將敬
* 본문의 참고문헌 중의 출판사명은 한자어를 그대로 표기했다. 그리고 신문은 일본어발음 +신문이라고 표기했다.
  * 〈예〉金贊汀『故國からの距離』田畑書店 1983
    → 김찬정金贊汀『고국으로부터의 거리』田畑書店, 1983
  * 朝日新聞 → 아사히신문
* 연호의 기재는 서기를 기준으로 했으며 필요에 따라 일본원호를 붙인 것도 있지만 일본원호에 서기를 첨가한 예도 있다. 그리고 서기의 표기에 있어서 앞의 '19'를 생략한 예도 있다.
  * 〈예〉1899년 → (明治 32년)
  * 明治 32년 → (1899년)
  * 1974년 → 74년

일본에서는 지금도 한류 열풍이 계속되고 있다. 이 한류 열풍의 선구가 되었던 드라마 〈겨울연가〉의 DVD가 일본에서는 3만 5천 엔(약 35만원)하는 데도 36만 세트가 팔려나가고, 또한 〈겨울 연가〉 소설 일본어판이 상하권 합쳐 122만부가 팔리는 베스트셀러가 되었다. 관련 캐릭터 상품까지 팔린 것을 합치면 겨울연가 경제효과는 2300억 엔에 달한다고 한다.

사실 일본에서 한류 붐은 이번이 처음은 아니다. 1988년 서울올림픽과 2002년 한일공동개최 월드컵 때에도 비슷한 상황은 있었다. 그때도 일시적이긴 했지만 한국 요리나 영화 등 한국 서브컬처를 소개하는 TV나 서적이 급증하기도 했다. 그러나 이번 한류 붐이 과거의 그것과 결정적으로 다른 것은 서울 올림픽 때나 한일공동개최 월드컵 때는 미디어가 붐을 조장한 것이었는데 이번에는 미디어가 붐을 쫓아가고 있다는 것이다.

한류 열풍은 또한 지금까지 일본에서 별로 논의되지 않았던

'재일'의 존재를 일본인에게 재인식시키는 계기가 되었다. 〈피와 뼈〉〈박치기〉 등 '재일'의 삶 그 모습을 소재로 한 일본영화가 계속 제작되고 TV에서도 '재일'을 주인공으로 하는 드라마가 방송된 것도 이러한 징후라고 볼 수 있을 것이다.

나는 한류 열풍에 편승하여 도래한 '재일'붐을 예를 들어 한류 붐의 덕택이라는 현상이라 하더라도 그것을 환영한다. 한국에서도 1998년부터 일본 대중문화가 개방되어 일본인 가수들이 서울 공연을 하기도 하고 많은 일본 영화가 한국 극장에서 개봉되기도 한다. 한국의 대일본문화 정책은 일본의 한류 붐에 미치지는 못하지만 조금씩 한국에서도 일본에 대한 이해를 넓혀 갈 것으로 보인다. 그러면서 한국인에게도 이 기회를 통해서 '재일'의 존재를 이해할 수 있었으면 한다. 본서가 그 역할에 조금이나마 도움이 되었으면 한다.

본서의 한국 출판에 도움을 주신 것은 범우사였다. 어려운 출판사정에도 불구하고 본서의 출판에 결단을 내려주신 사장님께 감사의 말씀을 드리고 싶다. 그리고 범우사에 본서를 소개시켜주신 규슈제일복지대학九州第一福祉大學의 가세타니 교수님께도 감사의 말씀을 전하고 싶다. 마지막으로 까다로운 본서의 번역을 수락해준 오사카대학 외국인초빙연구원 전성곤 씨의 우정에 감사한다.

2006년 6월 1일
오사카에서 박일

'재일'이 바꾸는 일본사회

미국의 다문화 사회와 소수민족

저자는 1995년 미국 샌프란시스코에 2주 정도 머문 적이 있다. 학교 봄방학을 이용해 미국의 다문화 사회의 실정을 자신의 눈으로 확인하고 싶은 것이 목적이었다. 샌프란시스코의 교육위원회, 대학, 고교, 초등학교, 보육원 등 다방면의 교육현장에서 실천되고 있는 다문화 교육의 현장을 엿볼 수 있었다.

그곳의 다문화 교육의 의미는 흑인, 히스패닉, 아시아계이민, 아메리카 인디언 등 소수 민족 입장에 있는 아이들에게 평등한 교육기회를 보장하고 있는 것을 말한다. 이 경우 평등한 교육기회에는 학력보장에만 그치는 것이 아니고, 소수 민족 본래의 민족성이나 민족문화를 존중한다는 의미가 포함되어 있는 것이다.

샌프란시스코에서는 이러한 다문화 교육의 일환으로서 각 학교가 2개 국어 병용 교육에 중점을 두고 있었다. 내가 견학한 학교에서는 히스패닉, 차이니즈, 코리언, 일본계이민 아이들이 민족 그룹별로 나뉘어 모국어로 수업을 받고 있는 광경을 볼 수 있었다. 그들에게 처음 몸에 밴 것은 영어이기는 하지만 모국어는 스페인어이기도 하고 중국어이기도 한 것이다.

그들은 상실한 모국어를 되찾음으로써 그들의 민족성은 유지되고 자손에게도 계승되어 가는 것이다.

또한 초등학교에서 고교까지 역사교과서에는 백인뿐만 아니라 흑인이나 아메리카 인디언도 건국의 역할자로서 소개하고 있다. 소수파인 그들의 활약이 없었다면 지금의 아메리카는 이 정도로 발전할 수 없었다는 관점이 역사교육에 중심적으로 자리매김을 하고 있다.

TV방송 드라마에도 이러한 방침이 관철되어지고 있다. 등장인물들 중 한 명은 반드시 흑인이나 그 외에도 소수 민족에게 배역을 주는 면밀함을 보여주고 있다.

생활의 여러 방면에서 이러한 다양한 문화를 숨 쉬게 하는 것이 결국 미국의 풍요로움과 연결되고 있다. 이것이 흔히 말하는 미국식 사고다.

65만 명의 '재일' 코리언

그렇다면 일본은 어떠한가. 최근 남미나 아시아에서의 외국인 노동자가 증가함에 따라 일본의 여기저기에서도 아시아계가 눈에 띄게 많아졌다.

법무성 조사에 의하면 96년 말을 시점으로 재일 외국인의 수는 140만을 넘는다고 한다. 최근 10년 동안 대충 따지더라도 55만 명이 증가한 것이 된다. 특히 중국과 남미에서 온 외국인의 증가는 눈에 띨 만한 것이고 재일 중국인과 재일 브라질인 수는 이미 20만 명을 넘고 있다.

이런 상황이기는 하지만 일본에서 가장 많은 외국인은 아직도 한국·조선(북한) 국적의 '재일' 코리언이다.

그들의 대부분은 일본의 식민지시대에 한반도에서 건너온 사람들의 자손이고 전후에 이주해 온 사람들과는 달리 일본에 100년 가까이 거주 경력을 가진 역사적 존재인 것이다.

96년을 시점으로 해서 보면 '재일' 코리언의 수는 65만 7천명이고 그들은 재일 외국인 전체의 과반수를 차지한다. 그런데 이렇게 긴 역사와 볼륨을 가지고 있으면서도 일본에서 '재일' 코리언이 눈에 띄지 못하는 것은 왜일까.

그 이유는 몇 가지로 나누어 볼 수 있다. 우선 '재일' 코리언의 대다수가 일본에서 태어났고 일본어에 능숙하고 대부분이 일본명名을 사용하고 있기 때문에 일본인과 구분이 어려운 것을 들 수 있다. 게다가 생김새도 거의 비슷하기 때문에 더더욱 구별하기 어려운지도 모른다.

많이 알려지지는 않았지만 일본사회 각각의 분야에서 활약하고 있는 '재일' 코리언도 적지 않다. 특히 예능계나 스포츠계에서

활약하는 '재일'코리언은 상당한 것으로 알려져 있다. 과거 자신의 민족적 루트를 밝히고 있는 예능계나 스포츠선수만 보더라도, 미야코 하루미都はるみ, 이와키 고이츠岩城滉一, 니시키노 아키라にしきのあきら, 마자카 게이코松坂慶子, 오야마 마스다츠大山倍達, 역도산力道山, 초 슈리키長州力, 가네다 마사이치金田正一, 하리모토 이사오張本勳 등 다방면에서 최고의 인물들이 자리잡고 있다.

이렇게 많은 일류 인재가 각 분야에서 활약하고 있으면서도 '재일'코리언으로서 화제에 오르지 않았던 것은 그들이 일본이름을 쓰고 일본인으로서의 가면假面을 써 왔기 때문이다.

'재일'코리언이 외국인으로서 일본인의 화제에 오르는 때는 김희로 사건처럼 그들이 범죄를 저질렀을 때뿐이다. 그리고 일본명을 쓰던 '재일'코리언이 범죄자로서 미디어에 보도될 때 비로소 그들의 국적과 본명이 밝혀지게 된다.

이런 의미에서 지금까지 '재일'코리언은 활약이 두드러지면 일본인으로 당당히 부추겨 주고 한번이라도 범행을 저지르게 되면 외국인으로서 재판을 받아야 하는 그런 숙명을 가진 존재였던 것이다.

민족명民族名으로 활약하는 새로운 세대

그러나 90년도에 들어와서 민족명을 사용하는 '재일'코리언이 나타나게 되었다. 그들은 자신의 루트를 숨기지 않고 어느 시기에는 오히려 그것을 상승의 발판으로 삼으면서 각 분야에서 일본인에게 인정받으며 성공을 한 새로운 세대이다.

　영화 〈달은 어디에 떴는가〉로 일본영화상을 탄 최양일崔洋一, '재일' 코리언으로는 처음으로 베스트셀러 소설 《피와 뼈血と骨》를 낳은 양석일梁石日, 아쿠타가와상芥川賞을 비롯해 이즈미 교우카상泉鏡花賞 등 많은 문예상을 획득하고 일본 문단에 독자적 위치를 쌓고 있는 유미리柳美里, 파르고나 산토리의 CF로 일본 CF계의 제1인자가 된 이태영李泰榮, 기자기자하트ぎざぎざハート의 '고모리우타子守り歌', '모모이로桃色' 등 많은 히트곡을 낳은 작사가 강진화康珍化, '재일' 코리언으로서 처음으로 도쿄대 교수가 된 강상중姜尚中, 일본 경제계의 디지털 산업혁명을 일으킨 소프트뱅크 사장의 손정의孫正義 등이 그 대표 격이라 말할 수 있다.

　그들은 '재일' 코리언 2세 · 3세에 속한다. 그들 대부분은 '재일'이라는 출생과 관련성을 가지면서도 각각의 분야에서 '재일' 코리언이라는 틀에 머무르지 않고 보다 본질적이고 보다 보편적인 테마에 도전하고 있는 사람들이다.

　또한 민족명을 쓰지는 않지만 자신이 '재일'이라는 것을 강하게 인식하면서 활약하는 '재일' 코리언도 나타나게 되었다.

　극작가로서 나오키상直木賞을 수상한 쓰카 고헤이つかこうへい나 앨범 '청하清河의 길'로 95년 레코드 대상 최우수 앨범 대상에 빛난 아라이 에이이치新井英一, 문예 평론가로서 활약하는 다케다 세이치竹田青嗣, 새로운 격투기상을 만들어 가고 있는 마에다 아키라前田日明 등이 바로 그들이다.

그들은 민족명에 집착하고 있지는 않지만 민족에는 집착을 가진 사람들이다. 쓰카는《딸에게 들려주는 조국》으로 '재일' 코리언이라는 자신의 과거를 고백하고, 아라이는 블루스로 자신과 조국과의 관계를 표현하고, 다케다는 처녀작《재일이라는 근거》로 '재일'의 근본성을 물었고, 마에다는 자전《무관無冠》에서 자기가 '재일' 코리언인 것을 공식적으로 밝혔다.

그들의 출현도 지금까지 보이지 않는 존재로 있었던 '재일' 코리언을 가시可視적인 존재로 끌어올린 점에서 커다란 의의를 가진다고 볼 수 있겠다. 그러나 아직 '재일' 코리언의 존재는 일본사회에서는 불투명하다. 일본사회의 편견이나 차별의 필터가 그들을 보이지 않게 하기 때문이다.

본서는 이러한 불투명한 '재일' 코리언의 세계를 '삶의 방법'이라는 시점에서 해독하고 싶은 동기로 쓰여 진 것이다. 본서는 그러한 의도에서 '재일' 코리언이 총체적으로 혹은 개인적으로 일본에서 어떤 삶을 살아왔는가 그리고 현재 어떤 삶을 살아가는가를 그들의 사상과 민족운동 혹은 의식조사, 각 시대의 대표적인 인물의 라이프 히스토리 분석을 통해 다각도에서 '재일'의 상像을 부각시키려고 시도한 것이다.

우선 제1부에서는 1세·2세·3세를 대표할만한 인물의 라이프 히스토리를 통해 각 세대의 공통적인 테마인 민족적 갈등을 읽고 그들 각각의 세대들의 삶의 방법을 더듬어 보았다. 다음으로 제2부에서는 '재일' 코리언을 대상으로 한 의식조사에서 현재의 '재

일' 코리언이 어떻게 살고 있는가를 분석하고 새로운 세대의 동화
同化 언설言說을 비판적으로 고찰하고 있다. 여기서는 가능한 한 의
식조사에서 얻은 데이터에서 '재일' 코리언의 삶의 방법을 표현하
려고 하였다. 그리고 '재일' 코리언의 민족단체나 개인에 의한 해
방 후의 민족운동을 더듬어 가면서 '그들이 어떻게 살았는가' 라
는 삶의 역사에 초점을 맞추었다. 특히 삶의 방법을 둘러싼 '재일'
지식인의 사상이나 논쟁을 정리한 것으로 '재일' 코리언이 '어떻
게 살아가야 하는가' 즉 살아가는 방법으로서의 철학을 탐색해 보
았다.

그것은 어떤 의미에서는 '재일' 코리언과 일본사회와의 상호
작용을 부상浮上시킴과 동시에 '재일' 코리언이 일본사회를 어떤
눈으로 보아왔는가를 검출하는 작업이기도 하다.

독자가 이러한 '재일코리언의 삶의 방법' 이라는 거울을 통해
자신의 삶의 방법을 다시 한 번 돌아봄과 동시에 지금까지 알지
못했던 또 하나의 일본을 엿 볼 수 있는 계기가 되었으면 하는 것
이 저자의 조그만 바람이다.

제1부 '재일'을 산다

제1장
일본이라는 시스템과의 투쟁
—손정의孫正義의 도전

손정의

1 일본인도 한국인도 아니다

세계 백만장자의 순번 34위

1999년 5월, 홍콩의 인기 주간지《아시아 위크Asia Week》가 '아시아에서 가장 파워 풀 한 50인'을 발표해 화제가 되었다. 이는 아시아 전역에 주재駐在하는《아시아 위크》기자들이 3개월에 걸쳐 의견을 교환하여 순위를 정한 것이다.

제1위에 오른 사람은 '구조조정을 아시아에서 가장 강력하게 추진한 한국의 김대중 대통령'과 '대국의 곤란한 경제개혁의 선두에 선 중국의 주용기朱鎔基 수상'등 2명이었다.

일본인으로는 대기업 공적자금 도입을 실행한 야나기자와 하쿠호柳澤伯夫 금융재생위원장으로 8위이고 이하 오부치小淵 수상이 12위, 노나카野中 관방장관이 12위, 미야자와宮澤 대장성장관이 24위를 잇따르고 있다. 그 대부분은 정치가인 것이다.

일본에서 기업인으로 50명 이내에 뽑힌 것은 불과 2명에 불과했다. 소니의 이데 신노井手伸之 사장과 소프트뱅크의 손정의孫正義 사장이다.

그 중에서도 소프트뱅크의 손정의는 참신한 비즈니스전략으로 강직한 일본 시장에 바람구멍을 뚫은 젊은 기업가로서 평가되어, 41세라는 젊은 나이에도 불구하고 당당하게 30위를 마크하고 있다.

손정의는 1999년 9월, 미국의 유력한 경제 잡지《포춘Fortune지》의 세계백만장자 순번에도 등장해 주목받았다. 그때 손은 그가 소유한 자사주식 4천만 주가 7680억 엔이라 평가되어 세계백만장자 순위 제34위를 마크했다. 손은 납세액(98년도 7500만 엔)이 비교

일본순위	세계순위	이 름	나이	총 자산
1	24	다케이 야스오武井保雄 '다케후지武富士회장'	69	9360억엔
2	33	사오 게산佐治敬三 '산토리회장'	79	8040억엔
3	**34**	**손정의孫正義 '소프트뱅크사장'**	**41**	**7680억엔**
4	54	쓰쓰미 요시아키堤義明 '세이부西武철도회장'	65	5760억엔
4	54	이토 마사슌伊藤雅俊 '이토요카 명예회장'	75	5760억엔
4	54	기노시타 교스케木下恭輔 '아코무회장'	59	5760억엔
7	76	시게타 야스미쓰重田康光 '히카리쓰신光通信사장'	34	5160억엔
8	97	모리 쇼森章 '모리빌딩개발회장'	62	4320억엔
8	97	마츠타 히토오松田一男 '니치에日甍 사장'	76	4320억엔

적 적은 편이었기 때문에 일본 국세청의 고액납세자 백인百人의 재벌에는 등장하지는 않지만 총자산을 보면 1998년까지 톱이었던 쓰쓰미 요시아키提義明(세이부西武철도 회장)를 제치고 일본 백만장자 순번에서 제3위에 해당한다. (표 참조)

세계백만장자 순번에 등장한 일본의 억만장자 대부분이 긴 역사를 가진 기업의 오너인 것에 비해 손정의는 창업으로부터 불과 20년도 되지 않은 신진 기업가에 지나지 않는다. 손정의가 이러한 짧은 기간에 기업가로서 성공을 거둔 원인은 어디에 있었던 것일까.

'단일민족 신화'의 속박

손정의라는 이름에서도 알 수 있듯이 손은 순수한 일본인은 아니다. 한국국적에서 일본으로 귀화한 '재일' 코리언이다. 실은 《포춘지》의 세계백만장자 순번에는 그와 같은 이민 기업가의 얼굴을 많이 볼 수 있다. 그 중에서도 최대의 세력은 화교이다. 그들 대부분은 루트를 중국대륙에 두고 있으면서도 해당 거주 국(싱가포르, 말레시아, 타이, 인도네시아 등)의 국적을 취득해 현지 경제에 절대적인 영향력을 가지고 있다. 동아시아 경제는 이러한 이민들의 왕성한 경제 활동을 빼놓고서는 이야기할 수 없을 정도로 그들의 존재는 커져가고 있다. 그렇지만 일본에서는 지금까지 거의 이민 기업가를 키우지 않았다. '단일민족 신화'의 속박에서 벗어나지 못한 일본 사회의 시스템이 이민을 받아들이는 것에 폐쇄적이었기 때문이다.

그러한 의미에서 한반도에 루트를 가지면서 일본국적을 취득, 민족명을 쓰며 자신의 출신을 밝히면서 일본 경제에 커다란 영향력을 갖기 시작한 손의 존재는 실로 희귀한 예라고 말할 수 있을 것이다.

실제는 지금까지 일본에서 어느 정도 성공을 거둔 이민 기업가도 있다. 그러나 그들 대부분이 출신을 숨기면서 일본명으로 활약하고 있다는 점에서 손정의와는 성격이 다르다고 할 수 있을 것이다.

손은 이민에 폐쇄적이라고 알려진 일본사회에서 어떻게 성공을 거두었을까. 또 그는 폐쇄적인 일본 경제를 어떻게 바꾸려고 하고 있는 것일까.

여기에서는 이민 기업가의 민족·아이덴티티라는 것을 시작으로 손정의의 라이프·히스토리를 검증, '재일' 코리언으로서의 그의 삶의 방식을 살펴보기로 한다.

국유지에서 거주

손정의는 1957년 8월 11일, 사가현佐賀縣의 도스鳥栖에서 태어났다. 조부는 전쟁 전 한국 대구에서 규슈九州로 건너온 '재일' 한국인의 가계家系로써 일본 출생인 부모는 2세, 손정의는 3세에 해당한다. 당시의 '재일' 한국인 가정이 그러했듯이 손의 집안도 역시 가난했던 것 같다. 그는 당시를 돌이키며 다음과 같은 흥미 있는 에피소드를 말하고 있다.

내가 태어난 집은 국영 철도회사가 소유한 토지였다. 그 토지에는 코리언이 많이 살고 있었으며 무단으로 집을 짓고 살고 있었다. 국영철도 회사로부터 철거를 강요당했지만 한국인들은 이미 집을 짓고 살고 있었기 때문에 퇴거를 거부했다. 마땅히 갈 곳이 없었기 때문이었다.

전후 일본에 머물 수밖에 없었던 '재일'코리언 중에는 집을 짓기에 곤란한 국유지에 그냥 그대로 눌러 산 사람이 적지 않다. 당시는 가난했기 때문에 정상적인 장소에서 살 수 없었기 때문이었다. 손의 집안도 마찬가지였던 것이다.

내가 어렸을 때 집안은 매우 가난했고, 아버지는 양돈과 양계장을 했다. 때로는 법의 눈을 피해 주조酒造도 했다. 집안은 가난했지만 아버지는 열심히 일했다. 열심히 일한 보람으로 자동차를 살 수가 있었다.

손의 아버지 미쓰노리三憲는 그 후 생선행상, 음식점 등 갖가지 직업을 거쳐 빠징코 경영과 금융업으로 성공을 거두었다. 손은 양친이 이룩한 안정된 생활 기반 위에서 공부에 전념할 수가 있었다. 아버지의 말에 의하면 손정의는 초등학교 2학년 때부터 6학년까지 매일 아침 4시에 일어나 공부하는 습관이 있었다고 한다. 실제 손의 성적표를 보면 초등학교 때는 올5(당시에는 5단계 평가)로 일관

했고, 중학교 때는 학생회장도 역임했다.

갈등

손이 13살 때 손의 가족은 기타규슈北九州 고쿠라小倉로 이사를 하게 된다. 아버지는 손정의를 상급학교에 진학시키겠다는 것이 이사하는 이유였던 것이다.

손은 아버지의 기대에 부응하기 위해 열심히 공부해서 난관이 었던 구루메久留米대학 부속고등학교에 합격한다.

그러나 동경하던 명문고교에 입학은 했지만 손정의의 마음에 는 어두움이 남아 있었다. 친구들에게 '자신이 한국인인 것을 감 추고 야스모토安本라는 일본명을 쓰고 있었기 때문이었다' 손은 이때 갈등을 다음과 같이 전하고 있다.

나는 공부 잘 하는 성실한 학생이었지만, 당시 어두운 그늘이 마음 한구석에 항상 남아 있었다. 자신이 한국인이라는 것이 원인이었다. 친구들과 같이 있을 때는 즐겁게 지냈지만 집에 돌아와 혼자가 되면 친구들에게 무엇인가를 감추고 있다는 기분이 들었기 때문이었다.

이 시기 손은 자신이 한국인이라는 것을 애써 감추며 '손'이 라는 한국명이 아닌 야스모토라는 일본명을 사용하고 있었다. 반 친구들은 당연히 그를 일본인이라고 생각하고 있었다. 그렇지만 손은 '감추고 있는 것이 언젠가 밝혀지지는 않을까'라는 공포감에 항상 휩싸여 있었다고 한다.

통명(일본명)과 본명(민족명)의 문제는 손과 같은 세대의 '재일' 코리언이라면 젊은 시절에 한번쯤은 고민한 적이 있는 문제일 것이다. 대부분의 '재일' 코리언이 일본사회로부터 민족차별을 피하기 위해 본명이 아니라 일본명을 사용하고 있기 때문이다.

손은 이전에 잡지 인터뷰에서 '재일' 코리언의 이름 문제에 대해 다음과 같이 말했던 적이 있다.

> '재일' 코리언은 어림잡아 60만 정도 있다고 생각되지만, 그 중에서 99%는 본명이 아니고, 일본명을 쓰고 있다. 그 옛날 일본 정부가 일본명을 쓰도록 강요했기 때문이다. 일본인의 이름을 쓰는 한, 대개의 일본인은 그들이 한국인이라고 하는 것을 알지 못한다. 그러나 일단 한국인이라는 것을 알면 갖가지 차별을 받게 된다.

감추는 것을 싫어했던 손은 일본명을 쓰는 것을 깨끗하다고 생각지 않았다. 그래도 일본인 반 친구들 앞에서는 본명을 쓸 마음이 없었다. 손에게는 유치원 시절 한국인이라는 이유로 돌팔매질을 당했던 쓴 경험이 있었기 때문이었다.

손은 또 초등학교 때부터 어른이 되면 초등학교 교사가 되고 싶다고 생각했다. 그러나 친구에게 한국 국적으로는 교사가 될 수 없다는 것을 듣고 쇼크를 받았다고 한다. 손은 이때부터 국적과 민족 그리고 아이덴티티에 대해 여러 가지를 생각하게 되었던 것이다.

미국에서는 일본인도 한국인도 없다.

손정의가 본명인 '손'이라는 성을 쓰기 시작한 것은 1973년, 즉 그가 16살 고교를 중퇴하고 미국에서 고등학교를 다니면서부터이다.

고교 1학년 여름방학 때 미국에 한 달 정도 홈스테이를 경험한 손은 그 나라의 웅장한 스케일에 매료되어 바로 유학을 결심한다. 가족과 떨어져서 미국에서 공부하겠다는 손을 가족은 반대했지만 한번 말한 것이면 누가 뭐라 해도 움직이지 않는 손의 강한 의지로 결국 가족은 그를 미국에 보내게 된다.

오클랜드에 있는 홀리네임즈 칼리지의 외국인을 위한 어학연수프로그램에서 영어를 수개월 배운 손은 9월에 4년제인 사라몬테 고교에 입학한다. 사라몬테 고교에서는 일본 고교에서 1학년을 3개월간 다녔다는 이유로 갑작스럽게 2학년에 입학하도록 했다.

이때부터 그는 패스포트에 쓰여진 '손'이라는 한국 명을 쓰게 된다. 미국에서는 아시아인은 전부 'Asian'으로 간주되기 때문이다.

본명을 쓴 의미

진급 시험을 계속 패스한 손은 사라몬테 고교를 졸업한다. 그 후 홀리네임즈 칼리지에서 2년을 지낸 후 캘리포니아대학 버클리교 경제학부에 편입한다.

버클리교 재학 중 손은 '발명은 하루 한 가지 1년 간 계속한다' 라고 자기 자신에게 숙제를 부과, 매일 매일 1분 1초를 아껴가며 머릿속에 떠오르는 아이디어를 '발명왕 노트'에 적어왔다. 이렇게 손이 재학 중에 생각했던 발명 아이디어는 250건에 달한다고 한다.

손은 이러한 아이디어 중에서 하나를 골라 시험작품을 만들어 팔려고도 생각했다. 19살 때의 일이다. 손이 뽑은 아이디어 상품은 그 당시 상품화되지 않았던 '음성장치가 달린 다국어 번역기'였다. 말하고 싶은 것을 일본어로 입력하면 기계가 번역해 영어로 말해주는 포켓 사이즈의 컴퓨터였다.

손은 우선 자신의 아이디어에 흥미를 보여 줄만한 마이크로컴퓨터 분야의 교수를 찾아 그들에게 발명의 아우트라인을 설명하고 협력을 구했다. 그들의 보수는 특허가 결정된 후 지불하겠다는 조건으로 몇 명의 교수들과 프로젝트를 만들어 결국 시험 작품을 완성했다.

1977년 여름 손은 완성된 번역기의 시험작품을 가지고 일본에 일시 귀국한다. 번역기를 일본기업에 팔아보기 위해서였다. 그러나 예상과는 달리 일본기업의 반응은 냉담했다. 시험작품 안내를 전기 메이커 50개 회사에 보냈지만 구체적인 상담 단계까지 간 곳은 10개 회사였고 성의 있게 대응해준 곳은 소수에 불과했다. 그 중에 손이 가장 관심을 가진 곳이 샤프였다.

손은 변리회사를 통해서 샤프에 가장 영향력 있는 특허 사무소를 조사 했다. 그 사무소 정보에 의거 자신의 시험작품을 평가해 줄 만한 인물을 물색, 사사키佐々木 전무에게 관심을 가졌다. 사사키 전무는 샤프에서 전자계산기와 태양전지 개발에 종사한 인물이었다. 그래서 손은 모든 인맥을 써서 사사키 전무와 면담하는데 성공한다. 사사키는 손이 가져온 시험작품을 높이 평가 수개 국어 대응 번역기를 만든다는 조건으로 특허 비용 100만 달러(약1억 엔)을 지불하겠다며 승낙했다.

이것이 손이 태어나서 처음으로 비즈니스로 번 돈이었다. '음성장치가 달린 다국어 번역기' 특허료로 100만 달러를 손에 넣은 손은 그 자금을 가지고 학교 친구들과 함께 게임·소프트를 제작하는 '유니슨·월드unison world' 라는 회사를 설립한다. 그는 여기서 일본에서 사온 게임머신 소프트를 조립하여 레스토랑과 카페테리아 등에 설치하는 방법으로 또 100만 달러 가까이를 벌어들였다고 한다.

이러한 6년 반에 걸친 아메리카 생활에서 손은 무엇을 얻었던 것일까.

손은 지금의 인생관과 비즈니스에 대한 방법은 전부가 미국에서 생활했던 경험에서 유래된 것이라고 말한다. 손에게 있어서 우선 미국에서의 최대 수확은 본명을 사용한 것으로 '심리적 속박에서 벗어났다' 라는 것이었다. 다%인종의 도가니인 미국에서는 자

신의 루트를 감추고 살 필요가 없기 때문이었다. 그래서 손은 미국
에서 생활하는 동안 점점 '태어난 나라가 다르다고 해서 차별을
두어서는 안 된다' 라고 생각하게 되었다고 한다.

지금의 소프트뱅크가 국적과 인종의 틀을 넘어 광범위한 인재
를 등용하고 있는 것은 유학 시절에 몸에 익힌 이러한 손의 철학을
반영하고 있다고 말할 수 있을 것이다. 손은 이러한 여유 있는 환
경에서 자유로운 사고를 몸에 익히고 자신 속에 숨겨져 있었던 경
영능력을 개화시켰던 것이었다.

2 민족명으로 산다

인생의 선택

버클리교를 졸업한 후, 이대로 미국에 남아서 비즈니스를 계속
할 것인가 아니면 일본으로 돌아가 다시 비즈니스를 시작해야 하
는가 하는 인생의 갈림길에서의 선택이 손을 고민하게 만들었다.

미국의 친구들은 '유니슨월드도 어느 정도 궤도에 올랐고 미
국에서 비즈니스 기반을 다져져가고 있는데 일본으로 돌아간다니
어떻게 된 거 아니냐' 며 반대를 했다고 한다.

실제 손에게 있어서 일본의 폐쇄적인 기업풍토보다 미국의 개
방적인 기업 풍토 쪽이 자신에게 맞는다고 생각하지 않는 바는 아
니었다. 또한 미국에서 사업을 계속하는 것이 안전하다고 생각하

는 것은 당연했다.

그리고 일본에 돌아가 사업을 시작한다 하더라도 자신과 같은 '재일' 한국인에게 돈을 융자해줄 금융기관이 있을까. 또 우수한 인재가 대기업에 집중하는 일본의 노동시장에서 자신이 하려하는 벤처비즈니스에 좋은 인재가 모일지 어떨지, 매우 불안했다고 한다.

그러나 손은 고심하고 고심한 끝에 일본에 돌아갈 결심을 한다. 손이 일본에서 비즈니스를 시작하기로 결심한 것은 '일본에서는 사업을 시작하는 것은 어려울지 모르지만 일단 궤도에 오르면 일본에 본사를 두는 것이 일본인 종업원들도 회사를 위해서 열심히 일할 것이다' 라고 생각했기 때문이었다.

이것은 일본인은 한번 취직한 직장에 대해서는 회사에 충성심이 강하고 한 회사에서 오래 일하려는 경향이 있는 데에 반해, 미국노동자들은 회사를 제일로 생각하는 것이 아니고 다른 곳에 더 낳은 조건이 생기면 바로 그만두는 경향이 강하다는 것을 손은 미국 생활에서 통감하고 있었기 때문이었다.

그만둬라

1980년 봄, 일본에 돌아온 손에게 기다리고 있던 다음 장벽은 본명(한국명)으로 사업을 시작하기로 한 손에 대한 가족과 친척들의 반대였다.

손은 귀국 후 건네받은 외국인 등록증을 보고 새삼스럽게 과거로 되돌아가 버린 것 같은 쇼크를 받았다. 거기에는 '손정의' 라는 본명에 야스모토 마사요시安本正義라는 일본명이 기재되어 있기 때문이었다. 그것을 본 순간, 손의 뇌리에는 '나는 지금까지의 인생을 일본명으로 살아왔던가. 어째서 본명을 쓰지 못했던 것일까'라는 서러움이 복받쳐 올랐고, '역시 본명으로 살고 싶다. 감추며 살고 싶지 않다'라고 강하게 인식하게 되었다. '본명을 쓰겠다'라는 손에게 가족과 친척은 모두 '왜 그런 짓을 하느냐, 그만두지 못해'라고 했다고 한다.

부모님은 '은행에서 돈을 대출 한다든가 사원을 모집한다든가 할 때 손이라는 이름이 얼마나 굴욕감을 줄지. 그것을 생각하면 견딜 수가 없었다'라고 했다. 부모와 가족은 마지막까지 '지금까지의 일은 없었던 걸로 하고, 야스모토로 해라'라며 계속 권유했다. 그러나 손은 굽히지 않았다. 손은 걱정하는 부모님에게 다음과 같이 선언했다.

말 그대로 은행에서 돈을 융자할 때에도, 사원을 채용 할 때에도, 거래처와 관계에 있어서도 여러 가지 어려운 점이 있을지도 모른다. 그러나 그래도 상관없다. 그것을 이유로 돈을 융자해 주지 않는 은행과는 상대하지 않아도 좋다. 또 그것을 이유로 입사하지 않는 사원은 그것밖에 안 되는 인간에 불과한 것이다. 그리고 그것을 이유로 거래하지 않는 거래처도 마찬가지다. 본명을 밝히는 것이 이런 것들을 확실히 할 수 있어서 더 편하다. 힘들어도 당당하게 살아가고 싶다.

성공의 척도

본명으로 사업을 시작하겠다고 결심하기는 했지만 손에게 '어떤 비즈니스를 하겠다'라는 구체적인 비전은 갖고 있지 않았다. 우선 손은 '자신이 장래에 무엇을 할 것인가'를 생각하지 않으면 안 되었다. 그 때부터 손은 갖가지 방면의 책을 읽으며, 정보를 수집, 지금부터 50년 동안 자신이 할 일에 대해 생각해 보았다.

그는 이것을 결정하기 위해서 사원 2명과 아르바이트를 고용, 특수한 상품을 다루는 수입대리점으로부터 병원 경영에 이르기까지, 돈을 벌 수 있는 분야의 시장예측과 경쟁시스템을 철저하게 조사했다. 1년 반에 걸친 시장조사 결과 그는, 40여 종류의 새로운 비즈니스 아이디어를 창출해, 25개 항목의 '성공의 가능성을 가누는 척도'에서부터 사업내용을 구체화해 갔다. 이때 손이 생각했던 '성공의 척도'는 다음과 같은 것이었다고 한다.

① 어느 특정한 비즈니스를 정하면, 그 일을 적어도 50년 간은 계속할 수가 있는가.
② 그 비즈니스가 참신한가.
③ 10년 내에 그 비즈니스로 적어도 일본 제일이 될 수 있는가.
④ 장래 30년 내지 50년 동안은 성장 가능성이 있는 분야인가이다.

40여 종류의 새로운 비즈니스 아이디어에 대해 '성공의 척도'에서 점수를 매겨, 손이 최종적으로 결정을 내린 비즈니스는 컴퓨터 소프트웨어 비즈니스였다. 손이 컴퓨터 소프트웨어에 주목한 것은 당시 대기업은 아직 컴퓨터 산업에 관심을 보이지 않았지만, 10년이나 20년 안에 컴퓨터가 사회 전체에 중요한 상품이 될 것이라는 확신이 있었기 때문이었다.

또 일본의 컴퓨터 시장을 보면 하드웨어는 만들고 있었지만 소프트웨어는 거의 없었던 것도, 이 비즈니스의 발전에는 더할 나위 없는 조건이었다.

아무리 좋은 소프트웨어를 만들어도 그것을 살 사람이 없으면 컴퓨터 시장은 발전하지 않는다고 손은 생각했던 것이다.

소프트뱅크 출범

1981년 9월, 손은 컴퓨터 · 소프트웨어의 유통회사 〈일본 소프트뱅크〉를 후쿠오카福岡현 오노시로大野城시의 한 건물 2층에 설립했다. (후에 도쿄로 본사 이전) 사원은 아르바이트를 포함해 3명, 자본금 1000만 엔으로 출발했다. 손은 출발의 인사로 사과박스 위에 올라 종업원을 앞에 두고 다음과 같이 말했다.

5년이 지나면 우리 회사는 연매출 100억 엔의 회사가 된다. 그 다음 5년이 지나면 컴퓨터 소프트웨어계의 톱에 서고 1000개의 딜러를 상대하고 있을 것이다.

사원들은 '제정신이 아니다' 라고 생각하며 멍해 있었다. 그러나 손은 제정신이었다. 회사 설립 후 그가 최초로 착수한 것은 유저와 딜러에게 일본에서 손에 넣을 수 있는 소프트웨어를 될 수 있는 대로 소개하려고 하는 것이었다. 그 때문에 손은 오사카에서 열릴 예정인 전자 관련의 전시회에 가장 넓은 전시 공간을 확보했다. 그리고 소프트웨어 판매회사로부터 될 수 있는 한 많은 컴퓨터 소프트를 모아 일본에서는 처음으로 소프트웨어 전시회를 열었다.

그 전시공간을 무료로 제공한 것도 작용했는지 소프트웨어 판매회사 수십 개 사가 모이고 전시회는 대성황을 이루었다. 손의 전시공간에 견학 손님이 넘쳐 움직일 수 없을 정도였다. 이때 손은 모여든 손님이나 소매업자가 입수하고 싶은 컴퓨터와 소프트웨어를 소프트뱅크를 통해서 주문해 줄 것이라고 생각했다.

그러나 손의 기대는 보기 좋게 빗나갔다. 전시공간에 소프트웨어를 진열한 판매회사가 소프트뱅크를 통하지 않고 방문한 소매점과 직접 매매 교섭을 했기 때문이었다. 결국 계약은 한 건도 성립되지 않았다.

전시회로부터 2개월이 지난 어느 날, 낙담하고 있던 손에게 희소식이 날아왔다. 오사카의 죠신上新전기 가전제품 딜러가 니혼바시日本橋에 제이엔피J&P라는 컴퓨터 대규모 점포를 여는데 협조해 달라는 요청을 해 온 것이다. 당장이라도 오사카로 가서 교섭하고 싶었지만 손은 '바빠서 갈 수 없다'는 거짓말을 했다. 전시회의 실패로 자금이 바닥을 보였고, 오사카에 갈 돈도 없었고, 정말 만나고 싶다면 상대방이 방문해 올 것이라고 생각했기 때문이었다.

손의 예측은 적중했다. 다음날 전시회의 평판을 듣고 죠신전기의 사장이 손을 만나러 일부러 상경했던 것이다. 사장은 '2주전에 컴퓨터 대형 점포를 열었으니 될 수 있는 한 많은 양의 소프트웨어를 원한다' 라며 손에게 협력을 요청했다. 이때 손은 사장에게 이렇게 말했다고 한다.

소프트웨어 회사와 이미 거래 관계를 맺은 것은 상관없지만, 나와 일을 하고 싶으면 이미 거래하고 있는 다른 회사와는 전부 인연을 끊어주길 바랍니다. 당신의 기업 윤리에 반할지도 모르지만 일본에서 컴퓨터 비즈니스로 성공하고 싶다면 나와 같은 방식으로 장사해야 합니다. 당신은 이미 컴퓨터 소프트웨어를 구입하고 있고 나보다 나이도 위고 재능도 있지요. 그러나 컴퓨터 소프트웨어나 하드웨어 가전제품이나 냉장고 텔레비전, 비디오 등도 구입하지 않으면 안 되지요. 나는 내 자신의 시간과 노력 그리고 에너지와 모든 정신을 컴퓨터 소프트웨어에만 쏟을 생각입니다. 지금부터 수개월 후에는 어느 쪽이 컴퓨터 업계에 대한 정보에 정통한 전문 지식을 갖출 거라고 생각하십니까. 일본 컴퓨터계 딜러의 넘버원을 찾아내지 않으면 안 됩니다. 그것은 바로 저입니다.

이 말을 듣고, 손을 '젊었을 때의 자신' 의 모습과 오버랩 시킨 사장은, 바로 죠신 전기의 컴퓨터 소프트웨어를 독점적으로 구입할 권리를 손에게 주었다고 한다. 같은 방식으로 손은 당시 일본 제일의 소프트 회사인 핸더슨과 독점 계약에도 성공한다.

　이렇게 일본 최대의 컴퓨터 딜러인 죠신전기와 일본 제일의 소프트 회사인 핸더슨이라는 일본 제일의 컴퓨터 업체를 흡수한 손은 죠신에 소프트웨어를 납품하고 싶은 기업이나 핸더슨의 소프트웨어를 팔고 싶은 기업이나 거래를 계속해서 확대해 나갔다.

자금조달의 벽
　그렇다고는 하지만 사업규모를 확대해 가기 위해서는 자금을 조달하지 않으면 안 되었다. 사업을 막 시작한 손에게 있어서 자금조달은 가장 머리 아픈 문제였다. 양친에게는 '본명으로 사업을 하겠다'라고 선언하기는 했지만, 부모가 말한 대로 '손'이라는 이름에 저항을 보이는 금융 기관도 적지 않았기 때문이었다. 명함을 건네주었을 때 '보기 드문 이름입니다'라고 말하며, 은근히 무시를 하는 지점장도 있었고, 일본인이 아니면 안 된다는 금융 기관도 적지 않았다고 한다.

　물론, 일본에서의 비즈니스 경험도 없고 아무런 담보도 없는 인물이라면, 한국인이건 한국인이 아니건 간에 은행에서 돈을 융자해 줄 리가 없었다. 그러나 손은 자신이 지금부터 하려고 하는 사업 내용이 이해가 되면 담보가 없어도 반드시 은행은 흥미를 보일 것이 틀림없다고 생각했다. 하지만 대부분의 은행은 그의 애기를 정식으로 들으려고 하지 않았다.

　그러한 손을 도와 준 것은 미국에 있었을 때 쌓은 인맥이었다.

1981년 가을, 손은 실패해도 어쩔 수 없다는 각오로 다이이치 간교第一勸業 은행의 고지마치麴町지점을 방문했다. 그는 담당자에게 지금까지 해온 것처럼 '예금할 돈은 없지만 1억 엔 융자를 받고 싶다. 단, 나에게는 담보도 없고 보증인이 되어 줄 사람도 없다. 내가 스스로 환불할 보증을 하고 모든 책임을 지겠다. 단, 우량기업에 대한 단기 융자와 같은 이자율로 해 주지 않으면 융자를 단념하겠다'라며 신청했다. 담당자는 웃으면서 '당신 머리가 어떻게 된 것 아니냐'라고 말했지만, 그 말을 옆에서 듣고 있던 지점장은 담보도 보증인도 없다고 말하는 손에 대해 신분 조회를 할 수 있는 정식적인 사람이 있으면 융자 상담을 해 줄 수도 있다고 손에게 타진했다.

손은 미국에서 개발한 포켓 번역기를 샤프에 팔 때 여러 가지 편의를 봐준 사사키 다다시佐々木正 전무의 이름을 들었다.

연락을 받은 사사키 전무는 지점장에게 '손이라면 훌륭한 비즈니스 재능이 있으니까 꼭 융자해 주길 바란다'라고 말해주었다고 한다.

이 시점에서 융자를 해 줄 것인가 말 것인가의 판단은 은행의 심사에 맡겨지게 되었다. 손의 재능을 가늠한 지점장은 손에게 융자 사정표의 심사항목 (예금잔고, 담보, 연대 보증인 등)에 점수를 매기자 마이너스 15점이 되었지만 심사항목의 마지막에 있는 '장래성'에 플러스 15점을 주어 합계점수 제로로 지점장 결재를 넘겨 융자를 결정해 주었다.

만약 손이 이 지점장을 만나지 않았더라면 현재의 소프트뱅크는 없었을지도 모른다. 손은 이 은인에 대한 감사의 날을 정하고 그 날을 회사의 휴일로 정하고 있다고 한다.

제3의 궁지

손의 예상대로 컴퓨터 소프트의 업계는 순조롭게 업적을 신장해 갔다. 매상고는 1년째 8억 엔, 2년째에는 35억 엔으로 늘고 처음에 2명이었던 사원도 100명 가까이로 늘었다. 이에 만족하지 않고 소프트웨어 판매에 쫓기면서도 손은 컴퓨터 잡지 출판사업에도 손을 대려고 했다. '출판업계는 아마추어에게는 너무 위험하다'라고 사원들은 말렸지만 손은 그 계획을 진행시켰다.

창업 2년째인 1982년 5월 손은 'oh! pc'와 'oh! mz'라는 타이틀의 두 책자를 동시에 창간한다. 그러나 제1호는 예상을 뒤엎고 5만 부를 인쇄해 85% 반품이라는 결과로 끝났다. 그 후에도 팔리지 않고 하나의 잡지가 매월 1000만 엔의 적자를 웃도는 상황이 되었다.

'이대로는 출판 부문에 컴퓨터 소프트웨어의 판매 이익을 쏟아버리게 된다'라고 느낀 손은, 출판 시작 반 년 후 근본적인 개혁에 착수할 것을 결의한다. 정가를 낮추고 잡지의 두께를 2배로 해 체제體制를 일신 한 후 있는 돈을 전부 투자하여 전국 방송 텔레비전에 잡지 선전을 시도했다. 이 효과는 적중되었다. 보통 때의 배인 10만부를 인쇄했지만 두 잡지는 3일 만에 품절되는 등 그 후 출판 부문에서도 흑자를 거두게 되었다.

사업이 겨우 궤도에 오른 1983년, 손은 다시 궁지에 몰리게 된다. 만성B형 간염에 걸려 의사로부터 '오래 못 살 것이다' 라는 선고를 받았다. 손은 치료를 위해, 세콤사社 부사장인 오모리 하타히코大森泰彦를 사장으로 스카웃하고 자신은 회장으로 취임, 치료에 전념할 요양생활을 하게 된다.

손은 그 후 약 3년 간 입원 퇴원을 반복하지만 그 동안에 역사 · 경영 · 컴퓨터관련서적을 손에 닿는 대로 읽었다고 한다. '이것도 좋은 시련이다. 귀중한 시간이라고 생각하고, 마음껏 책을 읽자' 라며, 마음을 바꿔먹은 것이 오히려 좋았던 지 역시 하늘은 그를 버리지 않았다. 다행하게도 도쿄의 도라노몬虎の門 병원의 구마타 히로마쓰熊田博光 의사가 개발한 '스테로이드 이탈요법' 에 의해 손의 병상은 극적으로 회복해 갔다.

86년 손은 사장에 복귀한다. 소프트웨어 뱅크는 그 동안 눈앞의 이익을 희생하며 이윤확대에 노력해 온 결과 거래상대를 소매점 6400점포, 소프트회사 2000사로 확대하여 컴퓨터 소프트웨어 유통시장의 50%를 점유할 정도로 성장해 있었다.

사장 복귀 후 손은 또 새로운 사업에 착수했다. 전화용 데이터 비즈니스가 그것이다. 이 사업은 손이 반 년에 걸쳐서 개발한 NC-CBOX(최저통화료 회선을 자동적으로 선택하는 장치)가 토대가 되었다. 이장치는 장거리전화를 걸 때 거는 지역에 따라 NTT나 제2전화 전신공사 등 4개회사 중에서 자동적으로 가장 싼 회선을 선택해

주기 때문에 이 장치를 전화에 장착하는 것으로, 민영 전화회사로부터 로열티를 받는 고안이었다. 이 장치는 폭발적으로 히트하여 설치대수는 150만대를 넘었다. 손은 이 장치의 발명으로 20억 엔을 벌었다고 한다.

민족명으로 일본국적을 취득

1990년, 일본소프트뱅크는 사원이 460명으로 늘어나고, 연 매상 426억 엔을 기록했다. 그리고 매월 발행하는 컴퓨터 잡지도 120만 부를 넘는 등, 컴퓨터 소프트웨어 유통업계의 대기업으로 성장하고 있었다. 손은 그 해, 일본 국적으로 귀화를 신청한다. 주식공개를 시야에 넣은 국적변경이었다. 주식공개를 하면 막대한 자금이 필요하게 된다. 외국 국적인 채로는 일본시장에서 대규모의 자금조달이 불가능하다고 생각했기 때문이다. 그렇지만 그는 손이라는 민족명을 바꿀 생각은 없었다. 국적은 변경하지만 민족의 긍지를 잃고 싶지는 않았기 때문이었다. 지금은 일본국적 코리언 중에서도 조금씩 민족명을 쓰는 사람이 늘고 있지만, 손이 귀화를 신청할 당시는, 이름도 민족명에서 일본식 이름으로 변경하는 것이 상식화되어 있었다. 이름을 일본식으로 바꾸지 않는 것은 귀화할 의사가 없는 것으로 판단되기 때문이었다.

손도 역시 귀화 신청을 할 시기에 일본에는 '손'이라는 성이 없다는 이유로 일본 국적을 취득하고 싶다면 일본명으로 바꾸는 것이 좋다는 권유를 받게 되었다. '재일'코리언이라면 그대로 그

권유에 따라 일본명을 썼을지도 모르지만 손은 달랐다.

'그렇다면 할 수 없지'라며 일본인 부인을 법원에 보내 '손'이라는 이름으로 변경하는 수속을 밟게 했다. 손의 부인은 법원이 변경 이유를 물었을 때 '남편의 성이니까'라고 대답했다고 한다. 그때까지 일본인 중에서 한국식 성으로 바꾼 전례가 없었지만 결국 그녀의 '성씨 변경신청'은 수리되었다.

손은 시청에 가서 이름을 '손' 그대로 일본국적을 취득하고 싶다는 의사를 전했다. '일본에 그런 성씨는 없다'라고 말하는 시청의 담당자에게 손은 장부를 잘 조사해 보라고 했다. 장부에는 '손'이라는 이름의 일본인이 단 한 명 기재되어 있었다. 그것은 손의 부인이었던 것이다. 1991년 11월 손은 마침내 민족명인 채로 일본국적을 취득하게 되었다. 그것은 일본국적 귀화제도와의 수년 간에 걸친 격투의 결실이었다.

일본의 빌게이츠

일본국적을 취득한 후, 손의 관심은 일본시장에서 해외시장으로 옮겨갔다. 1990년 회사명을 '일본소프트뱅크'에서 '소프트뱅크'로 변경, 기업 활동의 거점을 일본에서 미국으로 옮긴 것은 소프트뱅크를 세계적인 기업으로 발전시키려는 손의 강한 의지를 반영하고 있다.

손은, 90년대에 들어서자 매스컴에 자주 등장해 소프트뱅크 기업으로서의 역할이 '디지털 정보사회의 인프라를 제공하는 것'

이며, 소프트뱅크를 그 분야에서 세계 제일의 기업으로 키우는 것을 열심히 피력했다. 손이 90년에 들어서 컴퓨터 관련업계 해외 유망기업을 매수해 온 것은 그에 대한 포석이었던 것이다.

1994년 7월, 소프트뱅크는 마침내 주식시장에 주식을 상장했다. 약 70%의 주식을 가진 손의 자산은 2000억 엔이 넘는다며, 주간지에서는 '일본의 빌게이츠'라며 떠들썩했다. 손은 그 세력을 몰아 소프트뱅크의 주식시장에서 조달한 자금을 가지고 계속해서 컴퓨터 관련 해외 톱 기업들을 매수해 갔다.

94년부터 95년에 걸쳐서 손은 미국 그룹 전시회 부문과 출판부문을 매수한 것을 시초로 '컴텍스'라고 불리는 미국인터페이스 그룹의 전시회 부문 등 총계 4900억 엔을 투자해 매수했다.

지프 그룹의 출판부문은 컴퓨터 관련의 출판에서 세계1위의 발행부수를 자랑하고 있고, 또 컴텍스는 세계적인 대규모 컴퓨터 관련 전시회를 개최하고 있는 등, 각각의 분야에서 제일의 기업이었다.

소프트뱅크는 이들 기업의 매수를 통해 출판과 잡지라는 '컴퓨터 관계의 정보 인프라' 두개 부문에서 세계1위 기업을 산하에 두게 된 것이다.

메인 뱅크 시스템과 결별

업계관계자로부터 '앞뒤 안 가리는 투자가'라는 비평을 받기도 했지만, 손의 사업 확장은 멈출 줄을 몰랐다. 96년 3월, 126억 엔으로 인터넷 검색서비스 부문에서 업계 신장을 계속하고 있는 미국 야후 주식 32%를 매수했다. 손이 야후에 투자한 자금은 총액 400억 엔을 조금 넘지만, 지금은 소프트뱅크가 보유하는 야후 주식 시가는 1조 900억 엔에 달한다고 한다. 손의 선견능력은 새롭게 업계의 주목을 끌게 된다.

손은 야후뿐만 아니라 ZD넷, 지오시티즌 등 인터넷 검색서비스 관련업을 비롯해, E-트레드(증권), E-론(주택), 인즈웨브(보험) 등 금융관련 인터넷 기업에도 출자했다. 인터넷 비즈니스의 중요한 부분을 거의 전부 소프트뱅크 산하에 두려고 하고 있었다.

이와 같은 M&A(기업 매수)는 미국 기업 간에는 활발하게 이루어지지만 일본 기업에서는 흔하지 않는 것이었다. 손정의는 종래의 일본식 경영과는 전혀 다른 독자적인 기업경영을 전개하려고 했던 것이다.

자금 조달방법도, 종래 일본 기업과는 달랐다. 소프트뱅크는 95년 컴텍스 매수를 마지막으로 메인 뱅크인 니혼 고교日本興業 은행과 관계를 청산했다. 기업매수에 필요한 자금을 오로지 회사 채권 발행과 증자로만 해결했다. 소프트뱅크는 95년에 7번의 파이낸스로, 총 자산 (당시)927억 엔의 2배 이상인 2146억 엔을 자본시장에서 조달, 기업매수에 필요한 지금을 조달하고 있었다.

이러한 소프트 뱅크의 수법은, 분명히 종래 일본식 경영 상식이었던 메인 뱅크 시스템으로부터의 결별을 의미했다. 이것은 어떤 의미에서 기업과 은행이 유착해 온 일본식 경영에 대한 도전인

지도 모른다.

변혁을 강요하다

1999년 6월, 소프트뱅크는 전 미국증권업계와 제휴, 2000년을 목표로 일본 판 나스닥 설립 구상을 밝혔다. 나스닥은 마이크로소프트나 인텔 등 미국의 하이테크 유명기업들이 주식을 공개하고 있으며, 그 규모는 뉴욕 증권거래소를 웃도는 문자 그대로 세계최대의 주식시장이다.

일본에서도 이미 주식공개와 증권거래소가 있는데도 손은 왜 일부러 미국 시장을 일본에 유치하려고 한 것일까.

원래 일본 주식시장은 공개주식 기준 심사가 엄격하고, 벤처기업이 상장上場하기까지에는, 많은 경우 20년 이상이 걸린다. 일본의 주식공개는 경영흑자가 공개 원칙이 되어 있기 때문이다. 이에 비해 미국 시장은 기업의 성장성을 중시, 성장가능성이 있으면 적자기업이라 하더라도 주식 공개가 가능한 것이다. 이 때문에 미국에서는 설립 4~5년 만에도 주식을 공개하는 벤처기업이 많이 존재한다.

손처럼 우수한 기업을 만들었어도 자금조달이 필요한 시기에 주식공개가 안 되는 일본식 시스템으로는 벤처기업이 클 수가 없었다. 이것은 장기적으로 볼 때 일본 경제를 위축시킨다고 손은 생각했다.

만약 일본 판 나스닥이 실현되면 일본국내의 벤처기업도 그

성장성만 평가받으면, 전 세계 투자가로부터 자금을 모으는 것이 가능하게 된다. 그렇지만 일본기업들이 전 세계 투자가들로부터 자본을 모으기 위해서는 기업은 엄격한 공개 기준에 견딜 수 있는 투명성을 확보하지 않으면 안 된다. 이러한 점에서 나스닥의 일본 상륙은 불투명한 경영을 허락하는 지금까지의 일본적 경영을 근본부터 바꿀 수 있는 가능성을 가지고 있는 것이다. 말 그대로 배타적이고 폐쇄적인 일본의 기업문화를 근본부터 바꾸려 하는 것이 손의 목적이었던 것이다.

'20대에 이름을 공개, 30대에 군자금을 모아, 40대에 승부를 걸어, 50대에 완성, 60대에 스스로를 일으킨 사업을 계승시켜 나간다' 라는, 50년 라이프 플랜의 기초를 실현한 손정의의 요즘 입버릇은 '300년 안목으로 기업 존속을 생각한다' 라는 것이다.

눈앞의 이익에 집착한 기업은 결국 사원들이 포스트 싸움에나 급급하게 되고 파벌을 만들기 일쑤고 인맥 등을 이용한 '속물적인 것' 에 끌려 다니기 쉽다는 것을 알고 있었던 것이다.

300년이라는 긴 안목으로 기업의 존속을 생각하면 이러한 속인(俗人)적인 경영보다는 '회사는 어떤 모습이어야 하는가' 라는 본질성에 눈이 간다고 손은 말한다. 왜냐하면 '300년 일할 사원도, 300년 거래할 거래처도 없기 때문이다.'

손이 항상 머릿속에 그리고 있는 비전은 눈앞의 매수계획이 아니고 계열기업 2만 회사, 종업원 200만 명, 총 매상 100조 엔의 거대기업으로 발전한 300년 후 소프트뱅크의 미래 구상도인 것이다.

그의 계획이 성공할지 어떠할지는 모른다. 그러나 정보혁명을 꿈꾸는 그의 투쟁이 계속되는 한 지금까지의 일본적 경영시스템은 어떤 형태로든 변혁하지 않으면 안 될 상황이 찾아올 것이라는 것이다.

이민에게 폐쇄적인 이 나라에서 출신을 숨기기 위해 '야스모토 마사요시'라는 소년 시절을 지낸 한 '재일' 코리언이 미국에서 귀국해 '손정의'라는 일본국적 코리언 기업가로 변모, 이번에는 이 나라 일본을 변화시키려 하고 있는 것이다.

미국은 이민을 받아들여 그들의 활약으로 여기까지 발전해 왔다고 말하고 있지만, 과연 '손정의의 도전을 일본은 어떻게 받아들일 것인가'라는 물음을 던져본다.

제2장

두 개의 조국

―역도산의 전설

역도산

1 해협을 건넌 서민

역도산에 대한 두개의 평가

최근 몇 년 역도산을 재평가하는 움직임이 높아지고 있다. 그런데 이 재평가는 프로레슬러나 실업가로서의 역도산이 아니고 '재일' 코리언으로서의 역도산을 재조명하는 것이다.

예를 들면 '재일' 코리언 논픽션라이터 황민기黃民基는 역도산이 1963년, 즉 20년 만에 한국을 방문했을 때 환영 만찬회에서 모국어로 조선민요를 부른 일화를 소개한다. 일본인 라이터가 만든 역도산 즉 '스스로 조선인인 것을 부정하고 일본인으로서 빛나는

별을 연기했다'라며 역도산이 민족 부정자였다는 역도산의 인간상에 의문을 던지고 있다.

잘 알려진 것처럼 지금까지 역도산이 '재일'코리언이었던 것을 밝힌 서적은 많이 출판되었다. 그렇지만 그것은 전부 '조선인인 것을 부정 배제 혐오한', 즉 역도산이 민족으로부터 도피한 것을 그린 것들 뿐이었다. 씨름선수나 프로레슬러라는 인기 상품이라는 것과 또 전후 부흥기에 일본의 국민적 영웅을 연기하기 위해 역도산이 민족적 출신성분을 감추어 왔다는 것은 이해할 수 있지만 정말 그는 근본부터 '조선인 혐오자'였을까.

이러한 '재일'코리언에 대한 생각이 민족이라는 틀 안에서 역도산을 재평가하는 움직임과 연결되어 있는 것은 말할 것도 없다. 1995년 잡지 《SAPIO》가 모집한 '21세기 국제 논픽션 대상' 최종 후보작으로 뽑힌 이순일李淳馹 씨의 《또 하나의 역도산》도 전후戰後의 영웅 역도산의 내면에 흔들렸던 '민족 혼'에 접근한 야심작의 하나였다. 이 작품에서는 1961년 11월 북한에서 니가타新潟항에 도착한 귀국선 안에서 역도산이 북한에 남겨둔 딸, 그리고 형과 재회했었다는 것, 그 장면을 목격했다고 하는 이정로李正路(전 조선신보사 사장)의 증언을 통해 재현하고 있다. 거기에는 형 김공로金公路라는 인물로부터 김일성의 위대함을 배운 역도산이 조선인으로서의 자긍심에 눈뜨고 몇 번이고 아리랑을 불렀다는 에피소드를 소개하고 있다. 또 이 작품에 의하면, 그 후 민족에 눈을 뜬 역도산은 '조총련'

관계자와 접촉을 가지고 1962년에 "김일성 50세 생일기념으로 벤츠와 '김일성 만세'라고 쓴 자필 편지를 보냈다"라고 전한다.

지금까지도 역도산의 딸이 북한에 있고 역도산이 비밀리에 니가타에서 딸과 만났다는 것. 그리고 그가 김일성의 생일에 고급승용차를 선물했다고 하는 소문을 몇 번인가 들은 적이 있지만 역시 그것은 사실이었던 것일까.

이러한 역도산 전설은 어디까지가 논픽션이고 어디까지가 전설인 것일까. 본 장에서는 역도산 전설의 출처라고 일컬어지는 북한 문헌 '역도산에게도 조국은 있다. 세계 프로레슬링의 왕자 김신락金信洛이 산 길'을 검증하면서 '조선민족의 영웅' 역도산의 허상과 실상에 접근해 보기로 한다.

강제 일본행

우선 역도산은 왜 고향인 조선을 버리고 일본으로 건너온 것일까. 북한 측 문헌(통일신보)은 역도산의 도일渡日에 대해 다음과 같이 말하고 있다.

역도산이 처음으로 일본에 건너 간 것은 17살이었던 1940년 2월이었다. 함경남도 홍원부 용원면 신풍리의 가난한 농부의 삼남으로 태어난 그의 본명은 김신락이었다. 어려서부터 눈에 띄게 체격이 좋았던 그는 1938년 5월 (중략) 씨름대회에 출전 15살 소년이면서 당당히 3위에 입상했다. 그의 큰형은 일등이었다. 그날 씨름 구경을 왔던 모모타百田라는 일본인은 김신락의 멋진 체격에 반해 일본으로 데리고 가기로 결심했다. 이 남자는 앞날이 창창한 이 젊은 선수를 일본의 스모相撲[■]계에 집어넣어 자신은 그 후원회 간부로서 달콤한 국물을 빨아먹고 싶었던 것이다. 그는 김신락과 그의 부모가 강하게 반대했음에도 불구하고 홍원 경찰서의 경관과 결탁해(중략) 막 결혼한 그를 노예처럼 강제로 일본으로 끌고 갔다.

이 문헌에 의하면 씨름대회에서 입상한 김신락에게 눈독을 들인 모모타百田라는 일본인이 1940년 2월 '경관과 결탁해 결혼한 지도 얼마 안 되는 그를 노예처럼 일본으로 끌고 갔다'라는 이야기다. 말하자면 강제 연행인 것이다.

동경憧憬의 일본

한편 1978년부터 79년까지 취재를 통해 얻은 자료로 역도산의 자서전을 쓴 논픽션 라이터인 이시이 다조石井代藏는 역도산이 일본으로 건너온 이유를 다음과 같이 말하고 있다.

[■] 일본의 국기國伎의 하나이다. 맨손으로 모래판 위에서 상대 경기자를 힘과 기술로 넘어뜨리거나 모래판 밖으로 밀어내는 것으로 승부를 가린다. 야요이彌生시대 벼농사에 수반되는 농경의례에서 발생하여 나라奈良시대에는 황실에서 연중행사의 하나로 간주하게 되었다. 헤이안平安시대를 거치면서 궁정의 의식으로 발전하고 현대에 이르기까지 그 기술이 세련되어졌다. 스모 선수를 리키시カ士라하며, 우리나라 씨름의 샅바에 해당하는 마와시まわし를 차고 경기를 하며, 동군과 서군으로 나누어 토너먼트 식으로 경기를 진행한다. 스모 선수에게 등급이 있으며, 내림차순으로 요코즈나橫綱, 오제키大關, 세키와키關脇 등이 있다. 이외에 고무스비小結, 마에가시라前頭, 쥬료十兩, 마쿠시타幕下, 산단메三段目, 죠니단序二段, 죠노구치序ノ口 등이 있다. (역주)

김신락 소년은 함경남도 병경군 용원면 신풍리 37번지에서 아버지 김석태金錫泰 어머니 사巳의 삼남으로 태어났다.(중략) 김 일가家는 그 후 경성으로 나가 정미소를 경영했을 만큼 유복한 가정이었다. 큰형은 청주로 나가 선주를, 차남은 경성에서 운송업을 경영하는 등 각자가 독립해서 사업을 일으켰다. 아버지는 역도산이 어렸을 때 돌아가셨고 삼남은 성장하면 아버지의 정미소를 물려받을 예정이었다. 그러나 17살 되던 봄 경성에서 열린 아마추어 씨름대회에 출전했을 때 그 훌륭한 체격이 구경꾼 중의 한 명의 눈에 들어왔다. 그 구경꾼은 오가타 도라이치小方寅一였다. 조선총독부 소속의 경위였다.(중략) "일본에 갈 수 있다. 어떠냐. 그 좋은 체격을 살려서 스모 선수가 되어 보지 않겠느냐?" 이렇게 오가타 경위의 권유가 있었던 것이다. 소년은 일본을 동경憧憬하고 있었다. 아버지가 남긴 정미소를 이어받는 것보다 두 형들처럼 자신도 무엇인가를 하고 싶었던 것이다. 김 일가는 오가타 경위의 권유에 대해서 싫다는 말도 좋다는 말도 하지 않았다. 경위의 열의와 함께 부하인 조선인 순사부장도 가담하고 게다가 위에서는 군 사령관의 협조도 보태어졌다. 소년의 운명은 180도 바뀐 것이다. 이러한 김신락 소년은 오가타 경위를 따라 동경하던 일본에 한 발을 크게 내딛었던 것이다.

이시이 다조石井代藏가 1979년에 《소설현대小說現代》(79년 6월호)에 이 문장을 발표했을 때 관계자들은 꽤 당황했다고 한다.

그 전부터 일부 '재일' 코리언과 프로레슬러 기자들 사이에서는 역도산이 조선에서 태어난 '재일' 코리언 1세라고 하는 것은 사실이었지만 전후 일본의 국민적 영웅인 역도산의 출생에 대해 왈가왈부하는 것은 금기시되었던 것이다.

당시 많은 일본인들은 그가 나가사키長崎 출생의 순수한 일본인이라고 믿고 있었다. 그래서 역도산의 출생이 조선이며 그가 원래 조선인이었다는 것을 성문화한다는 것만으로도 충분히 쇼킹한 뉴스가 될 수 있었다.

그렇다고는 하지만 동일인물이라고 생각하기 어려울 정도로 이 두 스토리는 차이를 보이고 있다. 우선《통일신보》는 역도산을 가난한 농촌에서 태어났다고 보도하고 있지만 이시이는 정미소를 경영하는 유복한 가정에서 자랐다고 서술하고 있다.

또 전자는 역도산은 모모타百田라는 일본인에게 발견되어졌다고 하고 있지만 이시이는 조선총독부의 오가타 경위에게 발견되어진 것으로 서술하고 있다.

그리고 더 중요한 차이점은 역도산의 일본행에 대한 서술이다.《통일신보》는 일본인과 경관이 결탁하여 싫어하는 역도산을 억지로 일본으로 강제 연행했다고 쓰고 있지만 이시이의 경우는 일본을 동경하던 역도산이 오가타 경위의 권유에 흔쾌히 응했다고 되어 있어 결코 강제 연행이 아닌 것으로 되어있다.

여기서 한 가지 알 수 있는 것은 저자가 조선인인가 일본인인가에 의해 크게 견해가 다르다는 것이다.

역도산에게 반하다

1983년 논픽션라이터 이데 고야井手耕也는 스포츠잡지《남바》
(83년 3월 5일호)에 〈추적 역도산〉이라는 작품을 발표했다. 베일에
싸인 역도산의 환경을 조사하기 위해 규슈九州에서 한국까지 정열
적으로 취재한 역작이다. 이데는 역도산이 일본에 건너온 경위를
과연 어떻게 묘사하고 있을까. 이데는 역도산의 일본행 동기를 만
든 오가타 도라이치의 미망인인 후미フミ에게 다음과 같은 코멘트
를 얻었다.

　　매년 5월 5일이 되면 조선 씨름이 열렸습니다. 거기서 역도산이
출전한 것을 남편(오가타 도라이치)이 발견하고 훌륭한 스모 선수가
될 거라고 생각했습니다. 마침 모모타百田도 일본 오무라大村에서 조
선에 놀러와 있었고 씨름이 끝난 후 부하인 조선인 경찰관에게 중재
를 부탁하고 다음날 오후 역도산을 집으로 데리고 왔습니다.(중략)
역도산에게 '씨름을 좋아하는가'라고 묻자 '밥보다 더 좋아하지요'
라고 말했습니다. 그래서 '일본 스모 선수가 되지 않겠느냐'고 하자
크게 기뻐하며 '예 지금 당장이라도 일본에 가겠습니다'라고 대답
했습니다. 그 때 역도산은 이미 학교는 끝마친 상태였고 집안일을
도와주고 있는 듯했습니다. 그 뒤 40일 정도 지나서 역도산은 혼자
서 일본에 왔습니다. 경성까지 기차로 가서 경성에서 다시 기차로
부산으로 간 후 부산에서 배로 일본에 왔던 것 같습니다. 역도산은
가족들이 일본행을 반대했기 때문에 우리 집에 머물기도 했습니다.

만약 오가타의 미망인인 후미의 증언이 틀림이 없다면 역도산이 일본인에 의해 노예처럼 강제적으로 연행됐다고 하는 북한의 보도는 틀린 것이 된다. 일본에서 프로 스모선수가 되고 싶어 했기 때문에 스스로가 일본행을 정했다고 하는 이시이 설도 믿음이 높아진다. 게다가 후미의 말에 의하면 역도산은 연행된 것이 아니라 오히려 스스로가 일본행을 결심한 것이 아닌가 하는 생각이 든다.

그러나 모모타라는 일본인이 역도산을 주목했다는 북한의 보도를 터무니 없는 것으로 취급해서도 안 될 것 같다. 모모타는 나가사키현의 오무라시에서 게이샤藝者 훈련소를 운영 그리고 흥행사를 겸비하면서 대단한 스모 팬이었던 듯하다. 후미의 증언으로 역도산이 출전했던 씨름대회를 우연하게 조선에 머물고 있던 모모타도 관전하고 있었던 듯하다.

당시 고무스비小結인 다마노우미玉ノ海의 후원회의 간사였던 모모타가 오가타로부터 소개받은 역도산의 당당한 체격에 매료되어 니쇼노세키二所ノ關팀에 스카웃했다고 생각하는 것이 타당할 것이다. 나중에 모모타가 역도산을 자신의 삼남으로 입적했다는 사실은 얼마나 모모타가 역도산에게 매료되어 있었던가를 말해준다.

따라서 모모타가 역도산을 스카웃했다고 하는 북한의 보도도 오가타가 역도산을 씨름계에 인도했다고 하는 이시이의 주장도 어느 쪽도 틀린 것은 아니었다.

그렇지만 역도산이 조선에서 강제 연행되었다고 하는 북한 해석에는 조금 무리가 있는 듯하다. 이러한 해석은 '재일 코리언 대부분은 강제연행으로 끌려온 1세가 그 자손'이라는 기정사실화된 언설속의 '전설'이라고도 말할 수 있을 것이다.

2 바뀌어버린 출생의 비밀

북한의 딸로부터의 편지

《통일신보》기사 중에 또 하나 문제가 되는 것이 있다. '양친의 심한 반대에도 불구하고 모모타가 막 결혼한 그를 일본으로 데리고 갔다'는 부분이다. 역도산은 당시 17세였고 이미 결혼했다고 하는 사실을 이시이와 이데 두 사람은 그들의 작품에서 서술하고 있지 않다. 과연 이것은 사실일까.

확실히 역도산은 '여자 없이는 살 수 없는 남자였다'고 한다. '여자에 대해서는 죽을 때까지 관심을 가졌었다'라고 역도산을 시중들던 사람의 증언도 있다. 그러나 그런 역도산도 결혼에는 신중했던 것 같다. 역도산 측에서 보면 역도산에게 다가왔던 여자들은 거의 그의 명성이나 돈에 마음이 있었던 것으로 보였기 때문이다. 역도산이 마음을 허락한 유일한 여성은 스모를 시작하기 전에 결혼 한 게이샤 출신의 오자와 후미小澤フミ였다고 전해진다. 역도산과 그녀와의 관계는 역도산이 후미와 결혼하기 전에 교토의 여

성(미혼)에게서 낳은 3명의 아이도 그녀가 떠맡아 키운 것에서도
알 수 있다.

게다가 더더욱 놀란만한 것은 1963년 역도산은 경찰서장의 딸
인 일본항공 스튜어디스 다나카 게이코田中敬子와 재혼하지만 1962
년에 이혼했던 후미와 그 후에도 관계는 지속했었다고 한다.

왜냐하면 역도산 측에서 보면 후미는 스모선수 시절에 고생을
함께 한 여성이기도 하고, 있는 그대로의 자신을 감싸주는 존재였
기 때문이다.

1963년에 정·재계, 예능, 스포츠계에서 1800여 명의 유명인
사를 초대 아카사카赤坂의 호텔 오쿠라에서 거행한 다나카 게이코
와의 결혼식은 매스컴에 크게 보도되었지만 후미와의 혼인관계는
그다지 알려지지 않았다. 그러나 그늘적인 존재였던 후미와 결혼
하기 전에 역도산이 이미 조국에서 결혼했던 것은 극히 일부 관계
자를 빼고는 거의 누구에게도 알려지지 않았었다.

《통일신보》의 기사에 의하면 '막 결혼한 그를 노예처럼 강제
적으로 일본으로 끌고 왔다'는 부분이 있었다. 이것은 1940년 역
도산이 조국을 떠날 때, 즉 그가 17살 때 이미 결혼했었다는 말이
된다. 덧붙인다면《통일신보》의 기사 속에서 놀랄만한 것은 1961
년 가을에 평양에 있었다고 전해지는 딸로부터 역도산에게 돌연
히 편지가 왔다고 하는 부분이다. 기사 내용은 다음과 같은 편지를
소개하고 있다.

아버지, 저는 이 세상에 태어나서 처음으로 아버지를 이렇게 불러봅니다. 저는 아버지의 얼굴도 모릅니다. 지금까지 저는 아버지를 모른 채 살아왔습니다. 단지 어머니가 이 세상을 하직하실 때 들려주신 말씀으로 아버지가 계시다는 것을 안 것뿐입니다. (중략) 저는 이 세상에 아버지는 살아 계시지 않다고 생각하고 있었습니다. 그런데 아버지, 며칠 전에 삼촌이 평양에 가셨을 때 그렇게 애타게 기다리던 아버지 소식을 전해 듣고 오셨던 것입니다. 아버지는 지금 일본에서 스포츠 선수로 명성을 높이고 있기 때문에 조국에 돌아오고 싶어도 남들처럼 쉽게 조국에 돌아오실 수 있는 몸이 아니라고 말입니다. 그리고 김일성장군님이 아버지와 저희들을 위해 따뜻한 배려를 해 주시는 것을 전해 들었습니다. 장군님께서는 아버지가 일본에서 조국을 그리워하면서도 조국에 오지도 못하고 '조선인 일본선수'라는 운명에서 벗어나지 못하는 불행한 입장에 마음 아파하며 아버지가 그렇게 된 것은 일제 식민지 지배 때문이며 일본 반동들 탓이라고 말씀하시며 조국에 있는 아버지의 일가족을 보살펴 주지 않으면 안 되겠다고 말씀하셨다고 합니다. (중략) 아버지 언제쯤 되면 만나 뵐 수 있을까요. 언제 아버지 품에 안길 수 있을까요. 저는 그날이 꼭 올 거라고 믿습니다.

딸의 이름은 김영숙金永淑이고 역도산이 마지막으로 딸의 얼굴을 본 것은 고향을 방문한 1945년 봄이었다고 한다. '그때 딸은 겨우 3살이었다'라고 한다. 그렇다고 한다면 이 딸이 태어난 것은

1942년이라고 볼 수 있다. 북한 보도가 진짜라면 막 결혼한 역도산이 일본에 건너온 것은 1940년으로 1942년에도 역도산은 고향을 방문한 것이다.

이런 보도들의 내용을 종합해 보면 역도산은 '1940년 17살 나이에 결혼을 했지만 결혼 후 바로 일본인 손에 의해 일본에 연행되어 프로 스모 선수가 되어 2년 후 1942년 고향 방문 때 최초의 부인과의 사이에서 장녀 영숙을 임신하고 그 후 3년 이 지난 1945년에 마지막으로 고향을 방문한 이래 그 딸을 조국에 남겨둔 채 소식불통이 되었다'는 시나리오가 된다.

여러 가지 의문

그러나 역도산이 주료十兩에 승격한 것은 1944년(당시 21세), 마쿠우치幕內 리키시力士가 된 것은 1946년(당시 23세)이었다. 주료에도 승진하지 못했던 당시의 역도산이 2번이나 북한에 고향 방문을 할 수 있었을까. 만약 역도산이 이때 고향 방문을 했었다고 한다면 1년에 한번 조선의 경성에서 열린 대회가 되는데, 멀리 떨어진 생활이 계속될 텐데 어째서 아이를 가지려 했던 것일까? 갖가지 의문이 떠오른다.

또 스모계의 밑바닥시절에 알고 지내던 교토의 여인에게서 3명의 아이가 있었고 오자와 후미와 결혼했을 때도 그 아이들을 떠맡아 기를 정도로 아이에 대한 고민을 했던 역도산이었다. 만약 두번씩이나 고향방문을 했을 때 딸이 자라고 있었다는 것을 알고 있었다면 왜 영숙만이라도 떠맡으려 하지 않았을까.

게다가 왜 영숙은 1961년까지 역도산의 소식을 알 수 없었었던 것일까. 역도산의 형인 김항락金恒洛이 평양에 있으니까 더 빨리 연락을 취할 수 있었을 텐데 말이다.

어찌됐든 김영숙이라는 딸에 관에서는 이해하기 어려운 부분이 많다. 우선 일본에서 발표된 역도산 전기에는 이 딸 얘기는커녕 1940년 결혼에 관한 서술조차 보이지 않는다.

이런 것들을 생각하고 있을 때 재미있는 자료를 발견하였다. 우시지마 히데히코牛島秀彦의《또 하나의 소화사昭和史 I : 심층해류의 남자 역도산》이다. 이것을 읽어 내려가면 지금까지 자료 중에서는 가장 신뢰할 수 있는 것임을 알 수 있다. 즉 이 책은 역도산을 키운 부모인 오가타 도라이치에게 직접 인터뷰를 한 유일한 책이기 때문이다. 적어도 오가타의 미망인인 후미에게서 얻은 증언을 기초로 하고 있는 이데 논문보다 신빙성이 높다고 말할 수 있다. 그리고 이 책에서 '역도산의 출생' 부분에 대해 오가타의 증언을 토대로 한 다음과 같은 기술을 볼 수 가 있었다.

당시 조선에서 단오절에는 씨름대회가 열리고 있었다.(중략) 모모타도 도선渡鮮해서 그것을 구경하고 있었다.(중략) 조선 각계의 선수들은 대 열전을 전개했다. 그때 우승 선수는 김항락이었으며 동생 김광호는 3등이었다. 김항락은 제쳐두고 당시 15세인 김광호의 훌륭한 체격을 보고 스모광인 모모타는 다마노우미玉の海가 이끄는 니쇼

노세키二所の關팀에 어떻게든 넣어서 후원회 간사로서 실적을 높이려 생각했다. (중략) 김광호는 일본 스모에서 한판 붙어 보고 싶어 하는 마음이 충분히 있어 내일이라도 당장 일본에 가고 싶어 하는 자세였지만 어머니인 김사金巳가 크게 반대했다. 그때 김씨 일가는 경성에서 정미소를 하고 있었다. '사람들 앞에서 벌거숭이가 되어 구경거리가 되면서 돈을 버는 일은 아들에게 시키고 싶지 않다'라고 하는 것이 어머니의 반대 이유였다. 오가타 도라이치는 김광호의 열의에 힘입어 부하인 김경열金景烈 순사부장과 지방의원에게 김항락의 아버지격인 유박劉朴이라는 인물을 움직여서 어머니에게 측면 공격을 해보지만 그것은 오히려 어머니의 마음을 더욱 강하게 만들 뿐이었다. 어떻게든 사랑하는 자식을 일본으로 보내고 싶지 않은 어머니는 서둘러서 신부감을 찾아 결혼식을 광호에게 올려주었다. 오가타 경위는 '하룻밤이라도 신부와 잠자리를 하면 반드시 일본으로 데려가지 않을 테니까'라며 김광호에게 못을 박았다. 경성 시골구석에서 정미소를 하며 지내는 것이 죽고 싶을 만큼 싫었던 김광호는 어머니도 존중하고 오가타 경위의 말에도 따르는 방법을 택했다. 즉 '일본 스모 선수' 꿈에 부푼 이 청년은 어머니의 말대로 결혼식은 올렸지만 가장 중요한 신부는 남겨둔 채 오가타 집에 머문 것이었다.

이 말에서 알 수 있는 것은 역도산이 일본에 오기 전에 이미 결혼했다고 하는 것은 역시 사실이라는 것이다. 이 점에서는 북한의 보도는 틀리지 않았다.

그러나 중요한 것은 역도산이 오가타의 조언에 따라서 신부를 손가락 하나 건드리지 않고 고향에 남겨두고 떠났다는 대목이다. 일본에 가서 스모선수로 출세하기 위해서는 어머니를 배신하고 신부와의 신혼생활을 단념하지 않으면 안 되었다. 과연 역도산이 이러한 결심을 품고 있었다면 한국으로 고향방문을 할 때마다 첫 부인과의 관계를 가질 수 있을까 하는 것이다.

바뀌진 출생

길러준 부모격인 오가타나 모모타에게 있어서 역도산이 언제까지나 조선과의 관계를 계속 갖는 것은 달가운 일이 아니었다. 인기 상품인 스모 선수에게 출세에 방해가 되기 때문이었다.

1941년 1월 스모 순위소개 서문에서 '한국출신 역도산 광호, 본명 김신락'으로 데뷔했던 김광호는 같은 해 5월 '히젠肥前 출신 역도산 광호, 본명 가네무라 미쓰히로金村光浩'로 출신을 바꾸었다. 다음해 42년 1월에는 '히젠 출신 역도산 신락, 김신락'이라고 바꾸고, 결국 1943년 '나가사키長崎 출신 역도산 미쓰히로, 본명 가네무라 미쓰히로金村光浩'라는 '일본인' 선수로 탄생한다.

조노구치序の口, 조니단序二段, 산단메三段目를 한 대회마다 한 단씩 뛰어넘고, 산단메三段目와 마쿠시타幕下에서 2번씩이나 전승을 이룬 역도산의 능력을 인정한 오야붕親分은 이윽고 그의 출신이 그에게 치명상이라는 것을 두려워해 출신뿐만 아니라 본명까지도 조금씩 바꾸고 있었던 것이다.

역도산 자신도 이러한 스모 세계의 낌새를 눈치 채고, 매년 자신이 한국인인 것에 대해 콤플렉스를 느끼기 시작했었다고 전해진다.

'저쪽 나라(한반도) 사람도 자주 나를 찾아 왔지만 나는 전부 쫓아 버렸다'(다나카 고메타로田中米太郎의 말)라는 것도 이러한 그의 속마음의 표출이었는지도 모른다.

이런 식으로 보면 1941년부터 1943년에 걸쳐서 스모 협회 손으로 역도산의 출신과 이름이 교묘하게 바꿔 쓴 것을 알 수 있다. 당연히 주위의 낌새를 느낀 역도산 자신도 자신의 민족의식이 극도로 굴절해 있었던 것으로 사료된다.

역도산이 자신의 출신을 은폐하고 있었는데 이러한 시기에 조국에서 조선인 부인과 관계를 회복해 아이를 가지려고 하는 행동을 했다는 것은 상식적으로 생각하기 어렵다. 또 그러한 행동을 오야카타親方가 허락할 것이라고도 생각되지 않는다.

이렇게 생각해 보면 역도산이 1942년에 전 부인 사이에 딸을 낳았다고 하는 북한의 보도에는 많은 수수께끼가 남는다. 역시 '북쪽의 딸' 설도 전설의 영역을 넘지 못하는 것일까.

복잡한 민족에 대한 상념

1941년 1월 조노구치에서 데뷔한 역도산은 서서히 그 두각을 드러내고 출세가도를 달리고 있었다. 조노구치, 조니단, 산단메를 한 대회마다 한 단씩 통과하고 마쿠시타도 다섯 대회만에 통과하

는 등 첫 스모판에서 불과 열 대회 출전에 세키도리關取り라는 스피드 출세를 기록했다.

많은 일본인 선수가 군대나 징용으로 전장에 끌려가는 등 라이벌 선수 숫자가 격감한 것도 그의 출세에 한몫 했다. 군사령관의 명령으로 조선에서 온 역도산만은 징병을 면했기 때문이다. 그래서 결국 1946년 11월 전쟁에서 해방된 새로운 일본 스모계의 장래를 짊어지게 되었다.

이때 역도산은 이미 나가사키의 오무라大村 출신 '일본인 선수 모모타 미쓰히로百田光浩' 로서 모래판에 올랐지만 이시이 평전(거인의 맨 얼굴: 후타바 야마雙葉山와 역도산)에는 '일본인 선수 모모타' 의 가면 아래에 봉인된 민족에 대한 기억을 느끼게 하는 흥미로운 에피소드를 소개하고 있다.

일본열도를 달리는 국철 각 선은 '메이지 말기로 다시 돌아갔다' 라고 말할 정도로 좋지 않은 운행 상황이었다. (중략) 열차가 많은 귀향 객과 여행자로 넘쳐흘렀다. 그 적은 숫자의 귀중한 발(철도)이 조선인에 의해 집단 암거래 무대에 불법 점거된 사건이 각지에서 빈발했다. '전승국민' 과 '제3국인' 을 간판에 크게 써서 거리를 활보하는 조선인 앞에 일본인은 그냥 망연자실할 뿐이었다. 그러나 역도산은 달랐다. 일본인 승객에게 폭력을 휘둘러 자리를 빼앗고, 집단으로 열차를 점거하는 불법 현장에서 그 주범자를 잡았다. 니쇼의 시고키シゴキ를 이기고 초스피드로 마쿠시타에 오른 가라데 였다. 신흥 폭력

단 조선인 5~6명은 가라테 일격에 뇌진탕을 일으킬 정도였다. '무슨 짓들을 하고 있는 거냐!' 역도산은 호통을 쳤다. '이것 봐, 너희들과 나는 같은 처지다. 나의 아버지는 일본인이지만 어머니는 조선인이다. 그렇다고 해서 전쟁에서 진 일본인에게 일본인이 싫어하는 짓은 하고 싶지 않다. 너희들, 일본인에게 대적하고 싶은가! 그렇다면 방법은 따로 있지 않은가. 장사를 해라! 그래서 힘을 길러. 이런 째째한 짓은 그만 해. '제3국인'을 간판에 들고 뽐내며 활보하는 조선인을 결코 용서하지 않겠다'고 하면서 자신도 조선인인 것을 감추지 않았다.

어쩌면 여기서 내뱉은 역도산의 말인 '아버지는 일본인이지만 어머니는 조선인이다'라는 것은 이시이의 각색인지도 모른다. 그러나 역도산은 이 말을 여러 사람에게 내뱉었다고 한다. 당시 아사히朝日신문의 기자인 오가타 로쿠우에몬岡田六右衛門은 도쿄로 향하는 야간열차 안에서 역도산이 '나는 솔직히 말해 순수 일본인이 아니다. 아버지는 일본인이지만 어머니는 조선인이다'라고 말한 듯 하다고 전한다.

양兩부모가 조선인인 나오키상直木賞 수상 작가인, 다치하라 마사아키立原正秋도 만년까지 역시 같은 말을 우인에게 흘렸다. 다치하라와 같은 입장에 있었던 역도산이 어딘가에서 이 말을 흘렸다고 하는 것은 그다지 이상한 일은 아닐 것이다. 여기서 '아버지는 일본인이지만 어머니는 조선인이다'라고 말한 역도산의 말에서 그의 복잡한 민족에 대한 심리가 반영되어 있다고 볼 수 있다. 일본인이 되려고 노력하는 자신의 삶을 긍정하면서도 한국에 대한 향수를 느끼는 갈등이 그 말속에 담겨있다.

그러나 동포라고 할 수 있는 한국인 야쿠자로부터 일본인을 구한 행동에 '일본인이 되지 않으면 안 된다' 라는 역도산 자신의 사명이 암시되어 있는 듯하다. 또 한국인인 아버지를 일본인으로 가장하지 않으면 안 되는 것, 그 안에 이미 역도산의 민족 도피는 시작되고 있었다고 말할 수 있을 것이다.

불타오르는 콤플렉스

마침내 역도산은 파괴력 있는 돌파력과 자랑할 만한 내던지기 기술로 니쇼노세키二所ノ關 팀의 스타가 되었다. 1948년에는 신 고무스비 新小結가 되고 주위에서 오제키大關의 목소리가 들려왔다. 고무스비小結가 되고 난 후 두 대회 2게임 연속으로 우승, 여름 대회에서는 염원의 세키와키關脇까지 등극하게 되었다.

이처럼 스모계의 장래를 짊어질 것이라고 여겨지던 역도산이었지만 결국에 그는 스모계를 떠나게 된다. 과연 어떤 사정이 있었을까. 북한 매스컴은 역도산이 선수생활을 그만 둔 사정을 다음과 같이 보도하고 있다.

요코즈나橫綱가 될 실력이 충분히 있었음에도 불구하고, 세키와키에서 좌절하고 만 이유는 역도산 자신에게 있다. 몇 번에 걸친 민

족차별과 멸시에 분노한 그가 어느 날 부엌칼로 마게ま if ▪를 자르고 씨름계를 떠나기로 결심했다. 1950년 봄이었다. 그는 자신의 입장을 한탄했다. 왜 실력이 있으면서도 당연히 받아야 할 대우조차 받지 못하는 걸까. 그는 조금씩 이런 모든 불행이 한국인을 멸시하는 자들 때문이라는 것을 깨닫기 시작했다.

말하자면 역도산은 씨름선수로서 충분한 재능이 있으면서도 한국인이라는 이유로 씨름계의 민족차별에 의해 요코즈나가 되지 못했다는 것이 북한 측의 해석이었다. 그것이 사실일까.

확실히 세키와키까지의 도정은 역도산에게 있어서 결코 평탄한 것만은 아니었다. 1974년 6월 여름대회에서는 9승1패로 우승 결정전에 출전하기는 했지만 준결승 하구로야마羽黑山와의 대결에서는 미묘한 판정에 패해 울분의 눈물을 삼키기도 했다.

그렇다고는 하지만 우승자와 동등한 성적을 기록한 역도산은 11월 가을 시합에서 당연히 요코즈나, 오제키, 세키와키 중 하나는 될 것이며 혹은 아무리 나빠도 마에가시라前頭의 필두筆頭로 오를 것이라고 모두 생각하고 있었다. 그렇지만, 시합 전부터 존재한 '동서 제東西制'의 영향으로 역도산의 순번 결정은 5순밖에 오르지 않았다. 그 이유는 위에 선수들이 꽉 차 있었기 때문이었다.

▪스모선수는 머리를 말아 올리는 특이한 머리모양을 하는데 그것을 스모마게ま if 라고 부른다. 스모 마게는 리키시의 품격을 높이고 스모의 독특한 전통을 전하는 상징처럼 여겨지고 있다. 스모선수가 마게를 자르는 것은 곧 은퇴를 의미한다. (역주)

그 후 세키와키에 승진한 것도 한 순간, 생각지도 않았던 사건이 그를 엄습한다. 게를 잘 못 먹어 탈이 난 것이다. 디스토마로인해 병을 앓고 112킬로그램이었던 체중이 97킬로그램으로 줄어버렸다. 그 탓에 고생해서 오른 세키와키 자리였지만 그 해 여름시합에서는 3승12패로 크게 패하고 가을 시합에서는 히라마쿠平幕로 전락해 버리는 결과를 낳았다.

체중 감소라는 것은 있었지만 순번결정에 대한 불신을 떨쳐 버릴 수 없었던 역도산은 가슴속에 봉인해 왔던 콤플렉스가 되살아나고 있었다. '한국인인 이상 오제키는 될 수 없는 것이다' 라는 이런 식의 불안이 역도산의 뇌리를 스친 것은 이상한 것이 아니었다.

한국인인 이상, 오제키大關는 될 수 없다

그렇지만 당시의 스모 계에서 역도산을 '한국인이라는 이유로 승진시키지 않았는가' 하면 그것만이 이유가 아니라는 반론도 있다. 이 부분의 사정을 이시이는 다음과 같이 설명하고 있다.

이런 모든 것(불리한 판정과 순번에 대한 불신감)은 역도산의 쓸데없는 억측이었다. 하구로야마羽黑山 전은 하구로야마가 넘어지기 전에 역도산의 발이 씨름판 밖의 모래를 건드렸다. 밀어내기 패敗가 된 것이다. 그러므로 항의도 할 수 없었던 것이다. 준결승에서 5번밖에 이길 수 없었던 것을 보면 이 게임에서는 운이 따르고 있지 않았다. 그러나 최후의 '동서제도東西制度' 편성 바람의 피해를 입은 것은 역도산 혼자뿐은 아니었다. '동서제' 편성에 의해 눈물을 흘린 선수는 많았다. 세키와키로 15일 게임 중 3승밖에 못 하고도 히라마쿠平幕에 머무른 것은 오히려 행운이었다고 할 수 있을 것이다. 그러나 그런 냉정한 판단을 당시의 역도산은 할 수 없었다.

이시이는 역도산이 승진에 고심한 것은 원래 봉건적인 순번 결정제도에 유래한 것이지 결코 한국인 선수에 대한 민족 차별적 처우의 산물은 아니었다고 지적한다. 당시의 봉건적인 순번 결정에 눈물을 흘린 선수는 적지 않았다. 1950년 세키와키 가미카제神風도 순번 결정에 대한 불만을 이유로 마게를 잘랐다. 순번결정에 불만을 가진 것은 역도산 뿐만이 아니었던 것이다. 이 점에서 이시이의 분석은 꽤 적중하고 있다고 말할 수 있을 것이다.

그러나 역도산 입장에서 보면 순번에 대한 불만, 몸 컨디션 부조화, 게다가 성적 부진 등 계속해서 찾아온 이런 시련은 한국인 콤플렉스를 증폭시키는 것들뿐이었다. '한국인인 이상, 오제키는 될 수 없다'라는 생각이 점점 더 심해지게 되었고, 마침내 스모계에 남아있을 의욕마저 잃게 되었다. 또, 스모계의 꽃이라 불릴 정도의 명성에 비해 연 수입이 5만 5000엔이라는 박봉도 스모계에 미련을 잃게 하는 요인 중 하나였다.

당시, 역도산은 100만 엔에 이르는 빚을 지고 있었다. 부업으로 시작한 미국제 중고차 수입 판매 시장이 암초에 부딪혀 있었기 때문이다. 오야가타親方에게 빚보증 부탁을 거절당한 역도산은

1950년 9월 10일 새로운 순번 결정 발표 전날, 결국 마게를 자르고 돌연 스모계에서 은퇴를 선언한다.

그러나 스모를 그만둔 역도산이 다음 갈 곳이 있는 것은 아니었다. 갈 곳을 잃은 역도산은 할 수 없이 스모선수 당시 스폰서였던 신다쿠미新田組의 사장에게 몸을 맡기게 된다. 신다쿠미는 전후의 재건 사업으로 재산을 모은 신흥부자였고 대금은 후불이라는 조건으로 가설 국기관國技館의 건설에 관계한 스모계의 큰 스폰서였다. 역도산은 거기서 점령군 캠프의 현장감독으로 일했으나, 매일 밤 홧술을 들이켰다.

조선국적으로부터 결별

리키시力士로서 역도산의 재능을 아쉽게 생각한 신다(新田) 사장이 스모 협회와 중재에 나서 역도산의 복귀교섭을 진행한 것은 다음해 여름이었다. 대大 스폰서로부터의 제안으로 협회 이사회도 긍정적인 검토를 하지 않을 수 없었다.

그러나 복귀에 즈음해 최대의 문제는 역시 역도산의 국적문제였었던 것 같다. 역도산이 장래에 요코즈나가 되었을 때 조선(북한) 국적인 채로는 국기國技인 스모의 체면이 서지 않는다는 것이었다.

스모 협회 의도를 안 신다 사장은 바로 역도산 국적을 일본으로 변경시키기 위해 위장공작을 세웠다. 그가 생각해 낸 것은 이미 돌아가신 모모타百田부부(역도산을 발견한 오가타 경위의 외숙부)의 호적에 역도산을 삼남으로 입적시키는 것이었다.

1950년 11월 21일 신다 사장의 정치공작에 의해 역도산, 즉 김신락의 모모타百田 집안 입적 신고서가 정식으로 인가되고 그리하여 새로운 일본국적 '모모타 미쓰히로光浩'가 탄생하게 된다.

역도산은 이러한 주위의 압력으로 인해 국적을 조선에서 일본으로 이름을 김신락에서 미쓰히로로 변경하는 것으로 과거를 지우려 했던 것이다. 이러한 국적변경에 있어서 주위의 강한 설득이 있었다고는 하지만 역도산의 의사가 전혀 반영되지 않았다고는 말할 수 없을 것이다. 역도산은 적어도 이 시점에서 스모계에서 살아남기 위해서 일본국적 취득을 피할 수 없게 됨과 동시에 조선국적과 결별을 선택한 것이었다.

자신 스스로의 콤플렉스가 자신을 파멸

그러나 신다 사장의 공작도 허무하게 1952년 1월 스모 협회는 역도산의 스모계 복귀 안을 부결한다. '이미 은퇴한 자를 복귀시키지 않으면 안 될 정도로 리키시가 부족하지는 않다'라는 것이 스모 협회의 의견이었다.

이 시점에서 스모계를 떠날 것을 결심한 역도산은 프로레슬링이라는 미국에서 건너온 새로운 프로격투기에 자신의 제2의 인생을 걸겠다고 결의한다. 즉 1951년 10월 미국으로부터 프로레슬링 팀이 처음으로 일본에 상륙, 신체 장애자와 아동 구제를 위한 후원회에서도 흥행이 일어나고 여기에 참가한 역도산은 큰 관심을 가지고 있었다. 스모에서 몸에 익힌 몸 치기와 손 치기가 외국인 레슬러에게도 통했고 무엇보다도 스모 시절보다 많은 관중으로부터 받은 갈채가 역도산의 마음을 흔든 것이었다. 1952년 2월 역도산은 본격적인 프로레슬러가 되기 위해 미국으로 향했다. 그것은 역도산의 두 번째 여로旅路였던 것이다.

이러한 경로를 보면 북한 측 보도는 몇 군데 진실적인 면과 몇몇 오해가 있는 것으로 보인다. 우선 당시 스모 협회가 외국인 선수의 요코즈나 승진을 별로 탐탁치 않게 생각했던 것, 게다가 역도산 자신이 스모 협회의 민족 차별적 체질을 통감했다는 것은 사실이다. 그러나 역도산은 요코즈나 승진문제에 직면하기 전에 이미 국적 이외의 문제, 봉건적인 순번편성, 식중독에 의한 성적 부진 등으로 인해 오제키 승진 기회를 잃어버린 것이다. 그리고 역도산 스스로가 뿌린 씨는 국적문제를 해결하면서도 요코즈나는커녕 오제키도 도전할 수 없었던 것은 유감스럽게도 스모계의 폐쇄성을 운운할 레벨이 아니라고 생각한다. 역도산은 짧은 스모 선수 인생에 있어서 오히려 자기 자신 스스로가 가진 '한국인 콤플렉스'가 자신을 파멸시킨 것은 아니었을까.

3 미디어가 만든 '일본인의 영웅'

영화 '역도산 전설'의 파문
1956년 여름, 프로레슬러 역도산의 인기 절정기에 발맞추어

한편의 영화가 개봉되었다. 영화의 타이틀은 〈역도산 전설: 노도怒
濤의 남자〉이며 닛카츠日活가 사운을 걸고 제작한 작품이었다. 당시
역도산은 프로레슬링계 뿐만 아니라 예능계의 유명인으로서도 대
중으로부터 압도적인 지지를 받았다. 챔피언 벨트를 맨 역도산 사
진이 소년만화의 표지를 장식하고 역도산 전기傳記가 읽을거리가
되어 여러 잡지에 게재되는 등 그의 인기는 피크에 달하였다.

닛카츠는 이 '시대의 스타' 역도산 인기에 편승하여 그의 파
란 만장한 입신출세의 전설을 영화화하면 틀림없이 히트할 것으
로 생각했던 것이다. 닛카츠는 영화의 주역을 역도산 본인에게 의
뢰했고 제작을 작곡가 후루카 마사오古賀政男가 담당, 각본 기쿠지
마 다카조菊島隆三, 감독 모리나가 겐지로森永健次郞, 주제가를 미소라
히바리美空ひばり 등 사상최강의 스태프를 총동원한 영화였다. 영화
는 역도산의 증언을 충실히 재현하는 방법으로 가난한 소년기에서
부터 프로레슬링계의 영웅이 되기까지 역도산의 입신출세 도정을
묘사하는 것이었다.

영화 스토리는 다음과 같다.

나가사키현 오무라시에 태어나 유년기에 아버지를 잃은 역도산
소년이 싸움 강자로 인정받아 스모세계에 들어가 불굴의 투지로 세
키와키까지 올라갔다. 그러나 오야카타와의 불협화음으로 스모계로
부터 추방, 그 후 역도산은 역경에 굴하지 않고 프로레슬링으로 옮겨
미국에서 열심히 수행한 끝에 마침내 프로레슬링계의 세계 챔피언

이 된다.

영화가 완성되자 닛카츠는 스모 관계자를 불러 시사회를 열었다. 무의미한 마찰을 피하고 싶었기 때문이었다. 그러나 스모 관계자는 경악했다. 영화 속에서 오야카타가 악역이 되었을 뿐만 아니라 많은 선배 세키도리의 존재를 무시하고 역도산 혼자서 도장道場을 재건한 것처럼 묘사되었기 때문이었다. 영화는 역도산이 스모를 그만둔 이유가 이러한 역도산의 공적을 인정하지 않는 오야카타, 나아가서는 스모계의 불합리성에 있었다고 말하고 있었기 때문이다.

당연히 시사회가 끝난 후, 니쇼노세키 팀으로부터 닛카츠에 클레임이 들어왔다. NHK도 영화를 배급한 닛카츠와 역도산을 명예훼손으로 고소할 움직임을 보였다. 영화가 이대로 공개되면 스모를 실황 중계하는 NHK도 피해가 온다는 판단에서였다.

하지만 그 후, NHK는 결국 고소를 중지했다. 당시 NHK에서 스모 해설을 담당하고 있던 은사 다마노우미玉の海가 NHK에게 고소를 중지해 달라고 부탁했던 것으로 전한다. 다마노우미 자신도 이런 영화를 아무렇지도 않게 촬영한 역도산의 무신경에 화를 내고 있었지만 영화의 허위성을 밝히고 역도산의 진실을 폭로해 영화 공개를 중지시켜서 상처를 입는 것은 역도산 보다 오히려 역도산을 그런 인간으로 만들어 세상에 보낸 자신이 더 상처받는다고 생각했기 때문은 아니었을까.

또 하나의 자신

실제로 공습으로 불타버린 연습장을 재건하기 위해 역도산이
된장을 바른 감자로 배고픔을 견디며 자전거를 타고 돈 마련에 여
기저기 돌아다닌 결과 겨우 연습장이 재건되었다고 하는 영화스
토리는 분명히 픽션이다.

하지만 영화에서는 실제 역도산이 출연했기 때문에 보고 있는
관객은 픽션이라고는 믿지 않는다. 결국 영화의 클라이맥스에서
는 월급을 받으러 온 역도산에게 오야카타로 출연한 배우는 다음
과 같은 대사를 내뱉는 장면이 준비되어 있었다.

> 역도산 "조금이라도 급료를 받을 수 없겠는지요?"
>
> 오야카타 "오사카에 가면, 합쳐서 줄게."
>
> 역도산 "실은 형편이 어려워서, 오늘 조금이라도 ….."
>
> 오야카타 "아니 너, 나를 협박하는 거야, 오늘 조금만이라도는 뭐냐."
>
> 역도산 "하지만, 오야가타……."
>
> 오야카타 "연습장을 네가 만들었다고 말하고 싶겠지. 아무리 민주
> 주의가 유행을 해도 스모 사회에서 오야가타는 오야가타다. 내가 마
> 음에 들지 않으면 그만 두면 될 거 아니야."

영화에서는 오야가타에게 받은 이 수모적인 말에 참을 수 없
게 된 역도산이 결국 마게まげ를 자른다는 스토리다. 어디까지나 악
역은 오야가타이고 그러한 스모계의 부조리에 역도산은 고심했다

는 것이 역도산의 입장이었다.

역도산은 영화 속에서 자신을 비극의 주인공으로 연출하기 위해서 있지도 않은 이야기를 꾸며냈는지도 모르지만 본인이 출연하고 있었기 때문에 리얼리티성은 높아졌다. 이렇게 영화를 찍어가는 동안에 역도산 자신은 무엇이 진실이고 무엇이 꾸며낸 이야기인가를 구분할 수 없게 되어 가고 있었는지도 모른다.

즉 영화 줄거리 전체에 역도산의 실상과는 동떨어진 또 하나의 역도산이 존재하고 있었던 것이다. 무엇보다도 소년시기를 역도산이 나가사키현 오무라에서 지낸 추억을 회상하는 장면, 역도산이 어린 시절을 한국에서 지냈던 과거를 지우고 나가사키 오무라를 고향으로 하는 순수한 일본인인 것을 관객에게 인정받을 수 있는 절호의 기회였던 것이다. 어머니역 이다 쵸코飯田蝶子가 유창한 일본어로 싸움박질 만 하는 역도산 소년을 혼내는 장면은 부모가 한국인이라는 사실을 잊고 싶어 하는 역도산의 굴절된 심경을 말해주고 있다.

결국, 영화 〈역도산 전설: 노도怒濤의 남자〉에서 그려진 역도산은 역도산 자신이 되고 싶어 했던 또 하나의 '역도산'이었던 것이다.

영화뿐만이 아니다. 당시 많은 잡지에 게재된 '역도산 전설' 속에서도 역시 '1924년 11월, 나가사키현 오무라시의 모모타 미노키치百田已之吉 삼남으로 태어난 모모타 미쓰히로百田光浩' 라는 가공 경력이 소개되어 있다. 이 시기 역도산은 온갖 미디어로부터 '일본인의 영웅'으로 추대 받는 과정에서 점점 본래의 자신과는 동떨어진 허상의 역도산을 연출하지 않을 수 없는 상황에 놓여졌다고 말할 수 있다.

책략

1958년 8월 29일, 도미渡美 중 역도산이 일본인으로서는 처음으로 세계 챔피언이 되었다는 뉴스가 각 신문의 스포츠 면에 크게 게재되었다. '8월 29일 로스앤젤레스의 올림픽 오데트림에서 세계 챔피언의 루 테즈에게 도전한 역도산이 가라테로 테즈를 넉 아웃시키고, 세계 챔피언의 자리에 올랐다'는 내용이었다. 루 테즈라고 하면 그 필살 기술인 백 드롭에 의해 도전자들을 물리치고 오랫동안 NWA세계 헤비급챔피언으로 군림한 문자 그대로 프로레슬링계의 철인이었다.

역도산은 1957년 10월 고라쿠엔後樂園 구장에서 루 테즈에게 처음으로 도전한 후 그때까지 일곱 번 싸웠지만 한 번도 이긴 적이 없었다(5무 2패). 그러나 그러한 루 테즈에게 이기고 세계 챔피언이 되었다고 해서 빅뉴스가 되었다. 스포츠 신문은 머리글에 역도산의 쾌거를 전하고 일본 전체를 흔들었다.

그러나 그 다음날 일부 신문에는 '도미 중 일본 프로레슬러 역도산은 27일 로스앤젤레스에서 헤비급 세계 챔피언이라고 자칭하는 루 테즈와 대전해 승리를 거두었다. 하지만 이 시합은 논 타이틀매치로 메인이벤트도 아니었다'라고 전했다. 또 시합광고에 역도산은 일본인 레슬러가 아니라 '리키도젠力道山'이라는 내용으로 로스앤젤레스로부터 보내온 UPI의 전보가 게재되어 물의를 일으켰다. 역도산은 루 테즈에게 이기기는 했지만 타이틀매치는 아니었다고 하는 내용이었다. 8월 31일 귀국한 역도산은 공항에서 기자회견을 열고 테즈 전戰을 타이틀매치였다고 보도한 UPI 기사를 부정했다. 그리고 자신이 루 테즈로부터 탈취한 것은 NWA인정 세계 헤비급 벨트가 아니고 테즈가 보유한 또 다른 NWA인정 인터내셔널 헤비급 왕좌인 것을 설명했다.

실제 루 테즈는 1년 전에 딕 한톤에게 패해 NWA 세계 헤비급의 왕좌에서 전락해 있었던 것이다. 역도산이 원했던 것은 '패자의 영예'를 되찾고 NWA가 루 테즈에게 준 '인터내셔널'이라는 이름이 들어간 명예 챔피언 벨트 그것을 얻는 것이었다. 역도산은 루 테즈를 이기고 말 그대로 인터내셔널 헤비급 챔피언으로 명예 왕좌를 계승해 세계 챔피언으로서 일본에 개선 귀국하려고 생각했다. 그것은 점점 꺼져가고 있던 프로레슬링 붐에 재차 불을 피워 인기를 만회하려는 역도산의 책략이기도 했다.

'영웅' 그리고 '악역 레슬러'

원래 일본을 활약무대로 했던 역도산이 NWA인정 세계 헤비급 챔피언이 된다는 것은 불가능에 가까웠다. 미국 프로레슬링 흥행 달러 박스인 NWA의 챔피언이 되면 미국 본토에서 정기적인 방어전을 치르지 않으면 안 되었기 때문이다. 프로레슬링 이외에도 일본에서 많은 비즈니스를 갖고 있는 역도산이 미국을 활동거점으로 하는 것은 무리였다.

또 '일본인' 레슬러 역도산이 반일감정이 남아있는 미국의 링 세계에서 NWA인정 세계 헤비급 챔피언이 된다는 것 자체가 허락되지 않았다. 프로레슬링 성행지인 서부에서는 아직 반일의식이 강하였고 일본계 레슬러에게는 프로모터로부터 악역을 맡도록 강요되어지고 있었기 때문이다.

역도산도 예외는 아니었다. 일본에서는 외국인 레슬러를 쓰러뜨리는 정의의 사자를 연출했던 역도산도 미국의 링 위에 오르면 '가라테 당수'를 연발하는 '마음에 들지 않는 아메리카 인디언 레슬러'를 연기하지 않으면 안 되었다. 상대에게 몇 차례 얻어맞고 발로 차여도 무표정하게 다시 일어나는 아메리카 인디언 그것이 그에게 주어진 역할이었다.

그 모습은 '일본의 영웅' 역도산이 아니고 말 그대로 아메리카 악역 레슬러 '리키도젠'이 아닐 수 없었다. 미국의 링에 오른 '리키도젠'은 트레이드마크인 검은 타이즈 착용도 허락 받지 못하고 짧은 팬츠를 입고 있었다. 검은 색 타이즈는 고전적 정통파 레슬러의 이미지가 있었기 때문이었다.

이런 이유로 그는 아시아계 인디언 이미지를 만들어내기 위해 롱 슈즈도 신지 못하고 맨발로 링에 오르는 적도 많았다. 일본 링에서는 한국인 출신을 은폐하고 오로지 '일본의 영웅'을 연기해 온 정의의 사자가 미국의 링에 오르면 이번에는 아메리카 인디언으로서 백인들의 야유를 받는, 말 그대로 1인 3역에 역도산은 심취해 있었다.

인터내셔널 벨트는 미국의 링에서 리키도젠의 활약에 제공된 축하선물이었는지도 모른다.

4 모국의 영웅

열렬한 환영

1963년 1월 9일《도쿄주니치신문東京中日新聞》에 다음과 같은 기사가 실렸다.

역도산 한국행. 프로레슬러 역도산은 8일 한국정부 박일경朴一慶 문화부 장관의 초대로 한국을 방문. 약 1주일 체재 예정. 이날 김포국제공항에는 한국체육협회 레슬링 관계자 등 약 50명이 마중 나왔다. 한국 소녀에게 꽃다발을 받고 큰 환영을 받은 역도산은 기자 회견에서 '20년 만에 모국을 방문해 감개무량합니다. 오랫동안 일본어만 사용하고 있었기 때문에 한국말은 전혀' 라고 말했지만 인터뷰 후에는 '감사합니다' 라고 덧붙였다. 이번 역도산의 방문은 시합 스케줄은 없지만 다음 4월에는 한국각지에서 시합을 하겠다고 말했다. 역도산은 한국 체재 기간 중 한국정부 고급관료와 간담회를 갖고 판문점, 그리고 서울에 건설 중인 체육관을 견학하는 일정이었다.

이 모국방문은 가까운 친척에게까지도 일정지를 속일 정도의 '잠행여행'이었다고 전한다. 그렇지만 '모국의 영웅'을 맞이하는 한국 측 공항에는 인산인해를 이룰 정도로 많은 인파로 붐볐다고 기자는 적고 있었다. 서울 발 외신은 한국인 역도산이 모국에서 대환영을 받는 모습을 일본 각 신문사에 전했지만 대부분의 신문사는 그 뉴스를 전할 수가 없었다. 지금은 일본 스포츠계 슈퍼스타이고 '1억 엔 결혼식'을 눈앞에 두고 있는 예능계 인기인인 역도산이 '한국인이었다'라고 하는 사실은 미디어 세계에서는 금기사항이었기 때문이었다. 그렇지만 《도쿄주니치신문》은 외신을 그대로 게재해 버린 것이었다. 일주일 후 일본에 귀국한 역도산은 이 기사를 읽고 격노했다. 그는 모국 방문을 기재한 《도쿄주니치신문》에 대해 취재거부라는 형태로 그 노여움을 표현했다.

꾸며진 방한

한편 역도산의 방한訪韓을 북한 매스컴은 어떻게 받아들였을까.

미국의 지시 아래 오노 반보쿠大野伴睦를 비롯한 일본 반동 지배층은 역도산을 어떻게 해서든 애국의 길에서 끌어내리려고 획책했다. 그래서 이러한 회유와 기만 술책의 하나로 꾸며진 것이 이번 역도산의 서울 방문이었다. 일본 반동 지배층은 역도산을 회유해 남한의 매국노와 유착시키는 방법으로 그를 사회주의 국가, 즉 북한에서 떼어버리려고 한 것이다. 보고 듣는 것들이 전부 마음에 들지 않고 머리카락이 쭈뼛해질 정도로 심했고 남한 현실을 보면 볼수록 그의 가슴속에는 일본에 대해 증오심이 높아져 김일성장군님이 이끄는 사회주의 국가만이 진실한 자신의 운명을 걸 수 있는 곳이라고 확신을 굳게 했다. 그리고 역도산은 남한에 체재하는 동안 스포츠계의 친분을 나눌 동료와 은밀히 만날 기회가 생기면 그들에게 공화국인 북쪽의 발전에 대해 이야기했다. 말하자면 반동들이 준비한 반역 여행이 애국 여행으로 변모한 것이다.

북한의 보도에 의하면 김일성 수상에 심취해 있던 역도산을 북한으로부터 떼어내기 위해 오노 반보쿠를 비롯한 일본 지배세력들에 의해 꾸며진 것이 이번 역도산의 방한이었다고 전했다. 그러나 오노의 목적과는 반대로 역도산은 한국 현실에 실망 한국 지배층에 대해 불신감을 가지게 되었고, 그 결과 점점 더 김일성이 이끄는 북한에 대한 마음이 더 깊어졌다고 하는 것이 북한측의 해석이었다.

진상은 과연 어떠했을까. 우선 북한 측 기사에서 의심이 가는 부분은 역도산이 김일성의 열광적인 신봉자였고 북한 지지자였다는 부분이다. 자신의 출신이 폭로되는 것을 그렇게 걱정했던 역도산이 언제부터 조국에 그리움을 갖게 되었던 것일까.

《통일신보》기사에 의하면 역도산의 조국에 대한 향수는 1959년 12월 '재일' 조선인을 북한에 귀국시키는 첫번째 귀국선이 니가타新潟항에 도착했을 때부터였다고 한다. 그리고 이미 소개한 바와 같이 조국에 있었다고 전해진 딸로부터 편지가 역도산에게 보내져온 것은 1961년 10월이었다. 이 편지에서 김일성이 역도산 친척의 신변을 걱정하고 있다는 것을 안 역도산은 점점 김일성을 존경하게 되었다고 전한다. 더욱이 평양에 있던 형 김항락으로부터 전해 온 편지에는 김일성이 자신의 시합기록 영화를 보고 만족 해하고 있는 것에 감격하고, 역도산은 1962년 봄 북한의 형에게 편지를 써서 '자신은 세계에서 김일성을 가장 존경하고 자신과 같은 인간을 한국인으로 불러주는 장군의 자비에 감동하여 장군을 위해서라면 자신의 모든 것을 바치겠다' 라고 서약했다고 한다.

그리고 역도산은 김일성에게 감사의 마음을 표현하기 위해, 1962년 4월 김일성 탄생 50주년을 맞아 고급승용차와 '김일성 만세' 라고 쓴 자필 편지를 보냈다고 전한다.

이렇게 김일성에게 심취해 가는 역도산의 마음을 한국 측으로 바꾸기 위해 오노를 비롯한 일본 지배층이 그를 한국에 보냈다고 하는 것이 북한측 해석인 것이다.

일본과 한국의 로비스트

여기에도 몇 가지 의문은 남는다. 이 기사 중에서 역도산이 김일성을 생각하고 있었다는 유일한 증거가 되는 것은 그가 북한의 형에게 보낸 편지일 것이다. 역도산이 김일성에게 보냈다고 하는 벤츠와 자필 편지는 본인이 보냈다고 하는 것을 증명하기란 어렵기 때문이다. 그리고 한국어를 거의 잊어버리고 있었던 역도산이 편지를 직접 썼다고는 생각할 수 없다. 그러므로 형에게 보낸 편지조차도 본인이 썼는지 어떤지는 지금도 확인할 방법이 없다.

가령 역도산이 김일성을 생각하고 있었다고 한다 할지라도 오노를 비롯한 일본 지배층은 어떻게 역도산이 북한에 마음을 가지고 있다는 것을 알았던 것일까. 또 역도산이 그렇게 김일성을 생각했다면 왜 북한이 아니고 한국에 갔던 것일까. 의문은 자꾸 늘어만 간다.

그렇다고는 하지만 역도산이 방한 당시 자민당 부총재였던 오노가 관계하고 있었던 것은 사실이다. 역도산이 방한하기 전 해 1962년 12월 한국을 방문한 오노는 박정희 대통령과의 회담에서 '한일합방'이라는 과거는 잊어버리고 '반공산주의를 위해서라도 가족과 같은 관계로 지내고 싶다'라고 전하고 한일 국교정상화에 의욕을 보였다고 한다. 아마도 오노는 일본프로레슬러의 입장을 빌려 역도산을 한국 로비스트로 이용하는 것으로, 한일 스포츠 교류를 활발히 전개하여 전후 보상 문제를 둘러싸고 암초에 부딪친 한일 예비회담을 유리하게 진행시키기 위한 것이었을 것이다. 이것은 역도산이 오노의 부탁을 받아 한국을 공식 방문, 한국정부의 고위 관직자와 간담을 한 경위를 보아도 알 수 있다.

그렇다고 한다면 역도산이 김일성의 신봉자라는 것을 '오노는 알고 있었다'라는 북한 측 기사는 상당한 억측이었다는 해석이 될 것이다. 오노가 파견한 역도산의 태도 여하에 따라서 한일 예비교섭이 결렬될 수도 있었기 때문이다. 만약 여기서 말한 것처럼 역

도산과 북한의 관계를 오노가 알고 있었다면 그를 한국에 공식방
문시키는 위험한 일은 하지 않았을 것이다.

역시 오노를 비롯한 일본 지배층이 역도산을 김일성이나 북한
으로부터 떼어내려고 방한시켰다고 하는 해석에도 무리가 있다고
말하지 않을 수 없다. 그러나 역도산이 정·재계에 그 존재가 커져
감에 따라 정치가나 정·재계가 그를 한일 외교의 징검다리 역할
로서 이용하려고 했던 것은 부정할 수 없다.

조국을 잊은 적이 없었던 김신락

1963년 12월 8일, 일본의 TBS 인기라디오 방송 〈아사오카 유
키지朝丘雪路쇼〉에 출연한 역도산은 그의 18번인 '오쇼王將'를 부른
후 나이트클럽 '뉴 라텐쿼타'로 향했다. 뉴 라텐쿼타는 역도산이
마음에 들어 했던 외국인 클럽 중의 하나로 그가 자주 이용하던 곳
이었다. 그곳은 표면상으로는 나이트클럽이지만 클럽 안쪽에는
특별실이 있고 밀수품 매매나 도박이 행해지는 곳이었기 때문에
외국 밀수상인이나 마피아 그리고 야쿠자들이 들끓는 곳이었다.

역도산은 이 클럽에서는 잘 알려진 얼굴이었지만 술을 마시면
난폭해지기 때문에 클럽에서는 별로 좋아하지 않았다고 한다.

그날 그 가게는 만석에 가까운 성황으로 손님들은 무대에서
펼쳐지는 쇼를 보고 있었다. 역도산은 주문한 스카치위스키를 한
입에 마시고 밴드의 반주에 맞춰 클럽의 호스티스와 춤을 추었다.
이 광경을 한 남자가 바라보고 있었다. 그는 폭력단 스미요시住吉

패의 일원으로 이름은 무라타 가쓰시村田勝志였다. 그는 일전에 이 클럽에서 술에 취한 역도산에게 얻어맞은 쓴 기억이 있었던 것이다. 그가 복수의 기회를 노리고 있었는지 어떤지는 모른다. 잠시 후 그가 화장실에 들어가려고 하는 순간 화장실에서 나오는 역도산과 마주쳤던 것이다. '이자식!'이라는 역도산의 성난 소리와 함께 그는 벽으로 몰렸다. 그리고 역도산 주먹에 몇 번인가 얻어맞았다. '이대로 있으면 죽을지도 모른다'라고 생각한 그는 품속에 감추고 있었던 단도短刀로 역도산을 찔렀다. 입고 있었던 스포츠 재킷은 빨갛게 물들고 있었지만 역도산은 그다지 통증을 느끼지 않았다. 아침부터 술을 마셨기 때문에 알코올로 몸 전체가 마비되어 통증을 느끼지 못했던 것이다.

역도산은 찔린 가슴을 손으로 누르면서 비틀거리며 무대 위로 올라가 마이크를 잡고 외쳤다.

'여러분 조심하십시오. 이 클럽은 살인청부업자를 고용하고 있습니다. 나는 지금 칼에 찔렸습니다.'

역도산은 바로 지인이 경영하는 산오山王 병원에 실려 갔다. '전치 2주'의 진단을 받았다. '매일 고기만 먹었던 역도산의 몸은 상당히 산화해 있어서 수술은 난항이었지만 우선은 성공했다'라고 전한다. 역도산이 사망한 것은 그 후 1주일 뒤였다. 병원 측 설명으로는 수술 후 마시면 안 되는 물을 대량으로 마셨기 때문에 복막염, 장과 폐의 합병으로 인해 숨졌다라고 발표했다. 39세의 젊은 나이였다. 이러한 역도산의 죽음에 자연사가 아닌 것에 의문을 던진 사람도 있다. 북한 매스컴은 그의 죽음에 대해 다음과 같은 암살설을 소개하고 있다.

남한을 방문한 후 사회주의 조국에 대해 역도산의 애국적 정열은 한층 더 높아졌다. 그는 다음해 가을 도쿄에서 열린 제18회 올림픽을 무엇보다도 사랑하는 조국 사회주의조선의 존엄과 위력을 보일 수 있는 의미 깊은 무대로 하기 위한 생각이었다. 그 준비위원회에 막대한 자금을 기부, 올림픽에 참가하는 우리 공화국 선수단의 모든 비용은 자신이 부담한다는 성명을 발표했다. 역도산은 자신과 친분이 두터운 사람들과 만나면 자신은 올림픽에서 공화국 선수들을 응원한 후 바로 조국으로 돌아갈 것이라고 숨김없이 토로했다. 미국 일본 반동들은 당황하지 않을 수 없었다. 그들은 역도산 집에 협박전화를 걸고 그에게 생각을 바꿀 것을 강요했다. 익명의 편지를 보내기도 하고 자신들의 요구에 응하지 않으면 용서하지 않겠다고 협박했다. 그러나 역도산은 움직이지 않았다. 그 후 1963년 12월 8일, 일이 일어났다. 테이블에서 술과 식사를 하고 있을 때 갑자기 한 명의 야쿠자가 역도산 뒤에서 단도로 그의 왼쪽 하복부를 찔렀다. 나중에 판명된 일이지만 그 살인범은 미국의 지시를 받고 역도산을 미행한 대일본 홍업이라는 폭력단체에 속하는 무라타 가쓰시라는 야쿠자였다. 피를 흘리고 쓰러진 역도산은 바로 산오병원으로 옮겨졌다. 침대에서 자고 있던 그의 베개 밑에 누군가가 놓아둔 편지가 있었다. 그 내용은 지금이야말로 운명을 정할 때이며 그것은 역도산 자신에게 달려있고 의사를 분명히 하라는 것이었다. 역도산은 그것이 무엇을 의미하는지 알고 있었다. 지금부터라도 의사를 바꾸면 치료를 받을 수 있고 목숨도 살 수 있다는 것이었다. 너무나도 비열한 협박이었다. 그는 어떤 일이 있어도 과거의 역도산으로 돌아가고 싶지 않았다. 견디기 힘든 굴욕을 받은 것보다 깨끗하게 죽음으로서 꿈꾸던 조국으로 돌아가고 싶었다. 임종이 다가왔을 때 역도산은 찾아온 동포에게 이렇게 말했다. '나는 내가 왜 죽는가 알고 있다. 내가 한국인이기 때문이다. 내가 죽으면 내 뼈는 조국 땅에 묻어 달라. 아 조국, 조국이 그립다. 거기에는 내가 사랑하는 딸이 있다. 지금 21살. 내 딸이 오면 이 아버지는 조국도 자신의 양심도 배신하지 않고 한국인으로 살았으며 깨끗하게 죽었다고 전해주게!' 그는 이렇게 말하고 마지막 숨을 거두었다.

이러한 역도산에 관한 북한 측 자료를 꾸민 이야기라고 해서 매장해버리는 것은 간단하다. 그러나 진상은 그만두고라도 이러한 자료를 보면 역도산이라는 인물이 북한사람들에게 '민족 영웅'으로 계승되고 있다는 것을 읽어낼 수 있다. 그것은 어쩌면 인간 역도산의 실상에서 크게 벗어난 허상의 역도산일지도 모른다.

그렇지만 역도산이 스모 선수나 프로레슬러로서 주목받음에 따라 '일본의 영웅'으로 칭송 받고 자신의 출신을 은폐해 허상의 자신을 연출하지 않으면 안 되었던 것을 생각하면, 사실은 북한 사람들이 생각한 역도산의 모습이야말로 본래의 역도산의 모습이었던 것은 아닐까 하는 생각이 든다.

북한사람들이 그리워하는 역도산의 모습은 민족으로부터 도피한 역도산이 아니고 민족을 사랑한 김신락이었으며, 조국을 잊지 않았던 김신락이었다. 우리들은 이러한 영웅의 전설에서 일본인에게서 보이지 않는, 또 다른 한 명의 역도산의 모습을 읽을 수 있는 것은 아닐까. 인간 역도산의 실상은 이러한 작업에서 부상되었다고 생각한다.

대부분의 '재일' 코리언 1세처럼 식민지 시대에 일본으로 건너온 역도산은 프로레슬러로서 '일본의 영웅' 으로 만들어져 가는 과정에서 자신의 출신을 감추면서 일본인으로서의 삶을 살게 된 것이다. 그러나 고향을 잊을 수 없었던 그는 죽음 직전에 두 개의 조국 사이에서 민족의 기억을 끊을 수가 없었다. 역도산이 많은 '재일' 코리언 1세들 마음속에서 살아있는 것은 그들이 역도산이라는 인물 속에 또 다른 자신의 모습을 오버랩시키고 있기 때문은 아닐까. 이러한 기억이 계속되는 한 역도산의 전설은 '재일' 코리언 사이에서 계속 전승되어갈 것이다.

제3장

일본인이 되고 싶다

—아라이 쇼케新井將敬의 삶

아라이 쇼케

1 아라이의 죽음

조국은 없다

1998년 2월4일, 찬비가 부슬부슬 내리는 가운데 도쿄도東京都 오타구大田區 이케가미池上 혼몬지本門寺에서 아라이 쇼케新井將敬의 장례식이 거행되었다. 자민당을 대표하는 가메이 시즈카龜井靜香 국회의원은 다음과 같은 조문을 읽었다.

しき島のやまとこごろ 人とはば 朝日ににほふ 山ざくら花

— 本居宣長

시기시마しき島, 즉 일본을 각별히 사랑한 아라이 쇼케 마음을 모토이 노리나가本居宣長의* 단가短歌**를 빌어 노래한 가메이龜井의 조문은 장례식에 참석한 사람들의 눈시울을 적셨다.

자민당에 복당復黨한 후 아라이新井가 당내에서 유일하게 신뢰감을 두었던 사람이 가메이였다. 그러나 그 가메이도 당내에서 고립한 아라이 쇼케를 감쌀 수가 없었다. 가메이 말 속에는 자신에게 마지막 희망을 걸고 있었던 아라이 쇼케를 도와주지 못한 안타까움과 일본인 이상으로 일본을 사랑하려 했던 아라이 쇼케에 보답하지 못한 이 나라에 대한 분노가 섞여 있었다.

아라이 쇼케의 부친도 마지막 힘을 내어 고별인사를 토로했다.

우리들은 부초浮草와 같습니다. 고향이 없습니다. 조국이 없습니다. 그렇기 때문에 아들은 태어나고 자란 일본을 아꼈던 것입니다. 진정으로 아꼈던 것입니다.

참석자들 가슴속에 울려 퍼진 두 사람의 연설은 '재일' 한국인으로 태어난 아라이 쇼케가 '일본인보다 나은 일본인이 되자' 라

■ 모토오리 노리나가本居宣長(1730-1801)는 에도江戶초기의 국학자이다. 의사로 개업한 한편 고전古典 연구에 힘썼고, 어구와 문장의 고증학적 해석을 중심으로 실증적인 연구법을 활용하여 『고사기古事記』 『겐지모노가타리源氏物語』 등을 해석한 연구에 업적을 남겼다. 특히 복고사상을 설파하며, 유학을 배제하고 국학을 일본의 사상적 기반으로 세웠다. (역주)
■■ 와카和歌의 하나. 5·7·5·7·7의 어구로 이루어진 노래. 발생에 대해서는 많은 설이 있는데, 만요万葉시대에는 이미 그 성립을 보았고, 헤이안安時시대 이후 장가長歌, 선두가旋頭歌 등은 거의 보여 지지 않게 되고, 와카라고 하면 단가를 지칭하게 되었다. (역주)

는 일본인 이상으로 일본을 아꼈다는 것을 말해주고 있다. 그러나 그 사랑은 보답 받지 못했다.

진정한 일본인

아라이 쇼케와 함께 정치가 부인으로서 가시밭길을 걸은 부인 마리코眞理子는 이러한 현실을 절실히 느낀 사람 중 한사람이었다. 그녀는 남편 사후에 있었던 주간지 인터뷰에서 다음과 같이 말했다.

남편은 진정으로 일본인이 되려고 했고 또 일본인적인 심성을 가지고 있었습니다. 부끄러움도 아는 심성이 온순한 무사 같은 남자였습니다. 일본인 이상으로 일본인의 혼을 가지고 있었던 분이셨습니다. 마지막 회견 날 남편이 한 가닥 희망을 걸고 유일하게 인터뷰에 응한 것은 《월스트리트 저널》이었습니다. 무정하게도 일본의 매스컴이 아니었습니다. 처음 선거에 출마한 이래 어떤 의미에서는 일본의 매스컴으로부터는 이지메를 받았습니다. 어느 주간지에는 심한 인종 차별주의적인 중상모략 기사도 있었습니다. 매스컴은 결국 최후의 최후까지 남편 말에는 귀를 기울여 주지 않았습니다. 그렇게 진지하게 심정을 토로했는데도 누구하나 진지하게 귀를 기울이지 않았습니다. 검찰 측의 일방적인 정보만을 기사화했습니다. 섬뜩한 일이 아닐 수 없습니다. 남편은 회견장에서 분위기를 읽어냈던 것 같습니다. 그 날 밤 이미 국회에 대한 기대도 없다고 (중략) 피곤에 지친 모습이었습니다. 그 날 그 표정을 나는 평생 잊을 수 없을 겁니다. 일본에 귀화하여 일본인이 되려고 일본을 위해 세계를 위해 정말로 정열을 가지고 살아왔던 남편이 그 일본에게 배신당한 것이니까요.

아라이는 왜 애초부터 일본에 귀화하고 일본인이 되려는 길을 선택했던 것일까. 또 아라이 쇼케가 '16살까지는 일본인이 아니었다'라고 한 것이 그 후 그의 인생에 어떤 영향을 끼쳤던 것일까. 아라이 쇼케 자살의 의미를 살펴보기 위해서는, 당연한 물음부터 시작하지 않으면 안 될 것이다.

이것은 그가 자결하기 3주 전에 스스로 의혹을 해소시키기 위해 출두한 중의원 예산위원회 참고인 질의에서 동료 의원에게 던진 최후의 말, 즉 '나는 16살까지는 재일코리언이었다'라는 충격적인 고백은 그의 삶을 이해하는데 결정적인 의미를 가지고 있다고 생각하기 때문이다.

본 장章에서는 아라이 쇼케의 인생을 뒤돌아보면서 그가 왜 일본인이 되려고 했는가. 또 그의 출생이 그의 인생에 어떤 영향을 끼쳤는가를 생각해 보기로 한다. 그러면 그를 자살로 몰아간 것은 도대체 무엇이었는가. 그 역사적 배경에 대해 힌트를 얻을 수 있을지도 모르기 때문이다.

2 귀화歸化로의 여정

지문 날인

아라이는 1948년 1월 '재일' 한국인 3세로 오사카에서 태어났다. 본명은 박경재朴景在이지만 일상생활에서는 아라이 다케시新井隆史라는 일본명을 쓰며 생활했다.

아라이의 말에 의하면 그의 선조는 '고대 신라 때 궁정에서 문자와 역사를 가리키던 학자 집안'이고 부계父系의 조부는 박근호朴根浩, 모계의 조부는 최용학崔龍鶴이라 한다. 경상북도 대구에서 살았는데 1910년(메이지明治43), 일본이 한국을 병합했을 당시 조부모 대에 일본에 건너왔다라고 한다. '재일' 한국인 2세인 아버지 요시오義男는 1925년 오카야마岡山에서 태어나 태평양전쟁 중에는 군인으로서 종군했다. 전후에는 섬유도매상, 요정 등을 경영하면서 오사카에서 생활기반을 쌓았다.

아라이가 소년기를 보낸 오사카의 소네자키曹崎에는 전후 일본에 남은 코리언이 많이 있어 '재일' 코리언은 희귀한 존재가 아니었다. 아라이가 시내 초등학교에 입학했었을 때는 베이비붐이라는 것이 있어 같은 클래스에는 '재일' 코리언 동급생도 적지 않았다. 그러나 '재일' 코리언 학생들 대부분은 아라이와 마찬가지로 일본명을 쓰며 출생을 감추고 학교에 다니고 있었다.

그러나 일본명을 쓰던 아라이에게도 한국국적 때문에 말 못할 아픔을 겪었던 적이 있다고 한다. 남보다 조숙했던 아라이는 초등학교 고학년이었을 때 '선거 투표권이 없는 부모가 이상하다' 라고 생각하게 되었다. 일본인과 다름없이 자랐던 아라이가 강렬하게 민족을 의식하게 된 것은 1962년 그가 중학교 2학년 때였다.

그가 처음으로 해 본 외국인 등록이었다. 그는 다른 '재일' 코리언과 마찬가지로 시청 외국인 등록과에서 왼쪽 약지 손가락에 검은 잉크를 묻힌 손가락을 눌러 등록원본에 지문을 찍었다. 아라이는 이때를 회고하며 '아무리 생각해도 자신은 일본인인데, 외국인이라는 국적이 따라다닌다. 어린 나에게 그것은 폭풍우처럼 뭔가가 엄습해 옴을 느꼈다' 라고 회고했다. 그리고 이러한 '일본인인데도 일본인이 아니다' 라고 하는 아이덴티티의 위기를 통해 그는 사춘기에 실어증 비슷한 심리적 병을 앓게 되었다.

어느 순간 말이 나오지 않는 것을 경험 한 적이 있다. 중학교 때였다. 실어증도 아닌데 (중략) 이상한 경험이었다. 내 자신의 내면에 갈등이 일어나고 정신적으로 커다란 위기를 맞이했다.

그도 지문 날인을 계기로 다른 '재일' 코리언과 마찬가지로 '자신은 일본인이 아니다' 라는 것을 실감하고, 범죄자처럼 검은 잉크를 발라 지문 채취를 당하는 굴욕을 맛봄으로써 일종의 정신적 갈등을 맛보았던 것이다.

게다가 아라이는 이때부터 코리언 이라는 이유로 민족적 차별에 의해 장사가 잘 되지 않는 부모의 모습을 접하게 된다. 그는 이

시기를 회고하며 '만약 한국에 돌아간다면 대통령이 되겠다. 하지만 일본에서 산다면 일본을 이끌어갈 수 있는 위인이 되고 싶다'고 했다.

그래서 중학교 때 자신 스스로가 부모에게 귀화할 것을 요구했다고 말하고 있다. 청소년기의 그의 기억에는 맹렬한 상승지향과 함께, 일본에서는 한국 국적인 채로 출세할 수 없기 때문에 '일본인이 되고 싶다' 라는 불행 탈출지향이 나타나고 있었다.

우울한 합격자 발표

1962년 아라이의 희망대로 일가족은 일본인 귀화를 신청한다. 사업을 하는데 있어서 (한국 국적인 까닭에)여러 가지 핸디캡이 존재한다고 하는 것이 그 이유였다.

그러나 귀화신청은 그렇게 쉽게 수리되지 않았다. 아라이는 하는 수 없이 한국 국적인 채로 기타노北野 고등학교에 시험을 치르게 되었다. 당시 기타노 고등학교는 공립고등학교이면서 매년 교토대학에 120~130명, 도쿄대학에 20~30명의 합격자를 배출하는 오사카 제일의 고등학교였다. 그런 까닭에 학구 내 중학교에서도 성적우수자만이 시험을 치를 수 있는 학교였다. 그런 의미에서는 선택받은 수험생이라 할 수 있었으나 그런 그에게도 합격자 발표는 기다리기 어려운 날들이었다.

아라이에게 합격자 발표는 우울한 날 이었다. 그 이유는 외국 국적 학생은 수험표에 일본명과 함께 반드시 본명을 기재하지 않으면 안 되기 때문이었다. 또 일본명을 쓰고 출생을 감추었던 아라이에게는 불행하게도 기타노 고교 합격자 발표는 본명으로 하는 것이 관례였다.

일본 귀화를 신청하고 있는데 합격자 발표 게시판에 본명이 게재되면 그가 일본인이 아니라는 것이 친구들에게 알려지게 되기 때문이었다.

아라이는 합격의 기쁨보다는 그 쪽의 두려움이 더 크게 느껴졌다. 결국 아라이는 마지막까지 합격자 발표를 보러 가지 않았다. 그는 무엇보다도 자신의 출생이 밝혀지는 것을 두려워했던 것이다.

강렬한 피차별 의식

아라이는 1987년에 있었던 잡지《에스콰이어》지 인터뷰에서 귀화한 시기를 묻는 질문에, '중학교 때'라고 대답했었고 자결하기 직전의 중의원 예산위원회 참고인 질문에서는 '16살까지 한국 국적이었다'라고 밝혔다.

만약 아라이의 증언대로 16살까지 한국국적이었다고 한다면 귀화신청이 수리된 것은 1965년 아라이가 고교3년 즉 17세 때에 해당된다. 그렇다고 한다면《에스콰이어》에서 그가 말한 '중학교 때'라고 하는 것은 귀화가 수리된 시기가 아니라 귀화를 결심한 혹은 신청한 시기를 가리키는 것이 아닐까 싶다.

그러나 아라이의 이 증언에는 몇 가지 인정하기 어려운 것이 있다. 1982년 11월에 있었던 그 유명한 '검은 스티커 사건'으로 아라이는 이시하라 신타로石原眞太郎의 전 비서를 고소하고(그 후 취소) 그 고소장에 '1966년 11월에 부모와 함께 귀화하여 일본 국적을 취득했다'라고 표시되어 있다. 게다가 1983년 4월 익명우편으로 폭로된 아라이 집안의 호적 원본에는 '조선 국적에서 일본 국적 취득에 의해 입적入籍'이라는 아라이 쇼케 집안 루트가 기록되어 있기 때문이다.

통상 호적은 등본을 가지고도 귀화의 과거를 알 수 없도록 되어 있다. 그러나 시청에서는 귀화 전 국적이나 본명을 기록한 호적 원본이 존재한다고 한다. 이 사건에서 모 변호사가 어떤 루트를 통해 아라이 집안 호적 원본을 입수, 그것을 복사하여 선거구내 주민에게 뿌렸다고 한다.

만약 이 고소장이나 호적 원본 기술이 사실이라면 아라이의 귀화 전 국적은 한국이 아니고 조선, 귀화의 시기는 1966년 11월, 아라이가 고교를 졸업한 후가 된다. 이렇게 생각한다면 이하와 같은 학생 시절 아라이의 기묘한 행동에도 일치되는 점이 있다.

우선 아라이가 1966년 4월 교토대학 의학부에 실패했을 때 아라이가 '내가 떨어질 리가 없어, 떨어뜨린 것은 민족 차별이 아닌가'라고 고교 담임선생에게 토로한 적이 있다. 만약 아라이가 말한 것처럼 1965년에 귀화가 수리되어 '일본인'이 되었다면 '민족 차별' 같은 것은 느끼지 않았을 것이다. 아라이가 담임선생에게 '민족 차별'이라고 항의한 것은 이 시점에서는 아직 귀화가 수리되지 않았기 때문이라고 생각되어진다. 사실 담임선생님 말에 의

하면 아라이가 고교재학 시절에 국적 변경신청서를 제출하지 않았다고 말한다.

여하튼 이 에피소드는 아라이가 당시 '재일' 한국인인 것을 이유로 강렬하게 차별을 느낀 것을 말해주고 있다. '민족 차별'의 진위는 접어두고라도 아마도 아라이는 교토대학 수험 실패를 계기로 '한국 국적(조선 국적)인 채로는 안 되겠다'라는 의식이 점점 강해져 간 것이 아닐까.

그 다음, 아라이가 1966년 4월까지 의사가 되려고 했지만, 교토대학 의학부에 응시한 이듬해 67년에는 게이오慶應의 의학부를 버리고 도쿄대학교 이과에 입학한다. 이것이 '재일' 한국인으로서 취직에 불안을 느끼고 있던 아라이가 당초에 국적 차별이 없는 의사의 길을 목표로 했지만, 같은 해 귀화가 인정되면서 장래 방향성에 국적 불안이 없어진 것으로 자신이 정말 해 보고 싶은 분야에 진출할 수 있게 되었기 때문일 것이다.

이런 자료를 가지고 추리해 보면 역시 아라이가 귀화한 것은 1966년 11월 그가 18세 때라고 보는 것이 타당할 것 같다. 이와 같이 본다면 아라이가 귀화를 신청한 시기도 아라이가 말한 중학생 때가 아니고 고교생이 되었을 때부터일지도 모른다. 그러면 왜 아라이는 거짓말을 했던 것일까. 단순히 착각을 했던 것일까. 그렇지 않으면 어떤 의도를 가지고 고의로 약력을 바꿔 쓰려고 했던 것일까.

3 엘리트코스의 계단

운명적인 만남

이미 밝힌 바와 같이 재수 기간 중에 일본 국적을 취득 '재일'의 속박 속에서 해방된 아라이는 의대에 진학하는 것을 그만두고 1967년 도쿄대학 이과에 진학한다. 대학에서 물리과를 공부해 물리학자가 되고 싶었기 때문이었다. 그러나 다음해 68년부터 시작된 도쿄대학교 학생소요騷擾는 자연과학에 흥미를 일어가기 시작한 아라이 쇼케를 미련 없이 정치와 혁명의 세계로 끌어들였다.

아라이 쇼케는 전공투全共鬪■ 멤버로 참가 친구들과 학생운동에 가담했다. 그 후 '내부에서 내분이 발생, 멤버에게 각목으로 맞아서 얼굴을 일곱 바늘이나 꿰맨 일도 있었다' 라고 한다.

학생운동에 지친 그는 대학에 가지 않고 오로지 하숙집에서 독서 삼매경에 빠져서 시간을 보냈다. 그리고 이때 읽은 우노 고조宇野弘藏의《경제 원론》에 감화되어 3학년 때 경제학부로 전공을 바꾸고, 경제학부에서 네기시根岸연구실에 들어가 마르크스 경제학에 심취했다.

이때 아라이는 우연히 들른 한 여대의 축제에서 운명적인 만남을 한다. 5살 연하의 일본항공 스튜어디스 마리코眞理子와의 만남이다. 두 사람의 만남은 우연이면서도 필연이라고 할 수 있다.

■ 전공투全共鬪란 '전국학생 공동투쟁회의' 의 약칭이며, 1960년대 후반에 일본에서 일어난 학생 운동을 지칭하는 말이다.

아라이는 마리코와의 만남에 '우연한 만남이 에로스로 승화되어 가는 과정'이라고 표현을 했고, 마리코 역시 국제결혼을 할 것이라는 할머니 예언을 믿고 있었다고 한다.

제가 어렸을 때 할머니가 '마리코는 국제 결혼을 할 거야' 라고 예언했었거든요. 저는 '그럼 태어나는 아기는 하프가 되겠네요' 라고 말한 적이 있지요.

귀화를 하고 나서 아라이는, 대부분의 친구에게 자신의 과거나 출신을 말하려고 하지 않았다. 오히려 과거를 봉인하는 것으로 일본인으로서 제2의 인생을 살아가려고 했는지도 모른다.

이러한 아라이가 자신의 루트에 대해 무거운 입을 연 것은 마리코가 처음이었을지도 모른다.

마리코는 아라이를 만나고 얼마 안돼 아라이가 '재일' 한국인이라는 것을 알았었다고 말하고 있다. 마리코는 이 순간부터 인생의 파트너로서 '재일' 한국인이라는 아라이 쇼케의 숙명에 동참하게 된다.

둘은 만난 지 얼마 안 있어 동거 생활을 시작한다. 아파트에서 시작한 동거 생활은 가난했지만 행복했었다. 그러나 대학 졸업 후 아라이가 신닛테츠新日鐵에 입사, 효고현兵庫縣 히메지姬路 제철소에 부임했기 때문에 둘은 떨어져 살 수 밖에 없게 된다. 이때 아라이는 혈서로 '사랑한다' 라고 쓴 편지를 마리코에게 보냈다고 한다.

그러자 이번에는 마리코에게서 혈서로 쓴 편지가 왔다고 한다. 둘은 말 그대로 '누가 더 누구를 더 사랑하는지' 모를 정도로 깊이 사랑하는 사이가 되었던 것이다.

대장성 관료에서 정계로

마리코와 함께 생활하는 것을 바랐던 아라이는, 현장의 3교대 근무 와중에서도 짬을 내어 공부한 끝에, 1973년 국가 공무원 상급직 시험에 합격하여 동경하던 대장성大蔵省(현재의 재무성)에 입성한다. 그 해 시험에 도쿄대학교 분쟁 영향으로 현역 도쿄대학교 졸업생이 없었던 것도 아라이에게는 운으로 작용했던 것이다. 만약 예년과 같이 도쿄대 현역 졸업생과 경쟁했더라면 수험공부가 부족했던 그는 불합격했을지도 모른다. 여하튼 아라이는 천성적으로 노력하는 심성과 강운强運을 살려서 대장성관료라는, 일본인 중에서도 화려하다고 할 수 있는 엘리트코스에 첫발을 내딛게 된다.

일본의 금융 행정을 좌지우지하는 재무성 관료는 당시 관료계에서는 꽃이었다.

아라이는 관료임명을 받은 후 타고난 행동 능력과 능숙한 말솜씨를 구사하면서 순조롭게 출세가도를 달리게 된다. 주계국主計局 총무과에서 시작, 주계국 법무과, 오사카 국세국 조사부 등의 부서를 거쳐 1976년 7월에는 후생성厚生省으로 가게 된다.

아라이는 의무국醫務局 총무과에서 기획 법령 과장으로 지금까지 누구도 손을 대지 못한 의사우대 세제 검토를 실시한다.

우연인가 필연인가. 이때 아라이의 일 처리 수완이 당시 후생성 장관인 와타나베 미치오渡辺美智雄 눈에 들게 된다. 그 이후부터 와타나베는 무슨 일만 생기면 아라이를 불러 아라이에게 갖가지 문제를 상의하게 되었다. 아라이는 그것을 면밀히 조사하는 등 와타나베의 난문難問에 대답해 나간다. 이렇게 해서 아라이는 와타나베의 신뢰를 얻게 되고, 그 후 와타나베의 보이지 않는 브레인 인물로 총애를 받게 된다.

아라이는 1978년 30세 젊은 나이에 야마카타山形현 사케타酒田의 세무서장으로 취임하게 된다. 시장에게 방문 인사 때, 당시 수산부 장관이었던 와타나베의 친서를 가지고 있어 주위를 놀라게 했다고 한다.

아라이와 와타나베는 와타나베가 야마가타山形에 출장 중일 때는 하루 일정을 연장하여 아라이를 위해 지방 텔레비전에 출연할 정도로 친밀한 관계였다. 1980년 대장성 장관이 된 와타나베는 아라이를 비서관으로 발탁한다. 와타나베가 아라이의 교섭력과 행정수완을 평가했기 때문이다. 이것이 계기가 되어 아라이는 비로소 와타나베로부터 정치가의 '첫걸음'을 배우게 된다. 그리고 1982년 4월, 아라이는 정치가가 되기 위해 9년 간 근무한 대장성을 퇴직한다. 와타나베의 권유로 고향 오사카가 아니라 자민당과 선거구인 도쿄2구에서 중의원선거 출마를 결심하게 된다.

아라이는 중의원 참고인 질의質疑에서 이 시기를 회고하며 '큰 일을 저질렀구나. 정치가가 되면 (국적문제를 포함해) 무엇이 불거져

나올지 알 수가 없다. 가족에게 폐를 끼치게 될지도 모른다'(1998
년 1월 30일, 중의원 예산위원회 참고인 질의에서의 아라이 쇼케이의 발언)라
고 말하고 있다.

아라이의 부모도 '입후보하면 부모가 한국국적이었기 때문
에, 세간의 찬바람을 맛볼 날이 반드시 온다'며 반대했다고 한다.
하지만 아라이 자신이 당시의 이러한 말들을 어느 정도 심각하게
인식하고 어떤 각오로 선거에 임했는가는 알 수가 없다.

'검은 스티커 사건'이 일어날 때까지 자민당 내의 신원보증인
이었던 와타나베 미치오에게조차도 귀화한 사실을 숨긴 채로 선
거운동을 개시한 것을 생각하면 아라이는 '재일 한국인' 후보자
에 대한 비방이나 중상이 얼마나 심각한 문제가 되는가를 별로 심
각하게 생각하고 있지 않았던 것이 아닌가 하는 생각이 든다.

4 출생과의 투쟁

출생에 대한 공격

1982년 11월, 중의원 선거 입후보를 준비하고 있던 아라이에
대해, 앞에서 언급한 '검은 스티커의 사건'이 발생한다.《주간 아
사히週間朝日》에 의하면 '검은 스티커의 사건'이란, 아라이와 같은
선거구에서 입후보를 예정하고 있었던 이시하라 신타로의 비서가
벽에 붙은 아라이의 정치광고 포스터 3000장에 '66년 북한으로부

터 귀화'라는 검은 스티커를 붙인 것이었다. 아라이가 봉인해 왔던 과거를 폭로함으로써 선거민에게 국수 의식을 선동 '재일 한국인 아라이를 당선시키지 않겠다는 상대진영의 악질적인 행위'라고 아라이는 받아들였던 것이다.

아라이의 후원회는 처음에는 이 사건을 드러내는 것을 주저했다. '국적 문제를 정면에 내세우면 표를 잃을 가능성이 있다'라는 것이 이유였다. 그러나 아라이는 기자회견을 열어 귀화사실을 인정하고 다음과 같이 말했다.

인간이 태어나는 조건을 자신이 선택할 수는 없다고 생각합니다. 생명은 부모로부터 물려받은 것이기 때문입니다. 아버지나 어머니가 살아온 그 역사로부터 도망 갈 수는 없습니다. 그런 것을 들춰내서 상대에게 돌을 던지는 짓을 하는 선거 깡패나 일부의 정치가에게는 지고 싶지 않습니다. 이것을 확실히 한 후에 선거 결과를 시민들 판단에 맡기고 싶습니다.

그러나 아라이에 대한 차별 공격은 이것으로 끝나지 않았다. 사무소에 '승공연합勝共連合의 첩자'라는 협박장이 날아오고, 가족에 대해서 '조센진 스파이'라는 유언비어가 나돌았다. 다음 해 83년에는, 아라이 쇼케 집안의 귀화수속 때 편성된 호적등본과 귀화전의 본명 박경재, 그리고 원 국적(조선)을 기록한 호적 원본 카피가 선거구 내 상점 회장 앞으로 익명우편이 보내지는 사건도 있었다.

  결국, 이것이 화근이 되었던 것일까. 1983년 12월 첫 출마에서 아라이 쇼케는 4만 표밖에 획득하지 못하고 낙선했던 것이다.

  선거패배는 물론이거니와 매스컴과 상대진영으로부터 '출생' 공격에 아라이 쇼케는 상당히 충격을 받았던 것으로 보여진다. 18살에 일본으로 귀화해, 도쿄대, 신닛테츠, 재무성관료라는 일본인 속에서도 모범적인 엘리트 코스를 걸어온 아라이에게 설마 자신의 출생이 실제로 선거에서 쟁점이 될 것이라고는 꿈에도 몰랐기 때문이었다. 지금까지 30년 동안 계속 '한국인'이라는 것을 감추고 살아온 아라이였지만 선거에서 출생이 폭로된 것을 경험함으로써 자신의 운명에 대해서 눈뜨게 되었던 것이다.

  그래서 아라이는 다음 선거에서는 스스로의 출생을 공식 발표한 후 싸울 것을 결의한다. 출생을 감추어 공격당할 것이라면 오히려 당당하게 공표해서 그것을 이해해줄 사람을 늘리는 것이 상책이라고 생각했던 것이다.

  아라이는 낙선 후 얼굴을 알리는 일이라면 무엇이든 하려고 생각했다. '지지기반, 간판, 학벌' 즉 흔히 말하는 선거3대 요소가 없는 아라이에게는 어떻게든 얼굴을 기억해 주는 것이 중요했던 것이었다. 선거구내에서 장례식이 있으면 그곳에 가서 향을 피워 주고 초대받지는 않았지만 모임이 있으면 그곳에 가서 명함을 나누어 주었다. 매일 역 앞에서 5시간이든 6시간이든 가두연설을 했다. 그 연설에서는 자신의 루트를 숨기지 않고 귀화한 '한국인'이라는 것을 밝히고 그런 인간에게도 기회를 부여하는 열린사회 실현을 호소했다.

저에게는 핸디캡이 있습니다. 3대 전까지는 조선인이었습니다. 어려서부터 저는 오로지 자유로운 사회 열린 일본사회를 만드는 것을 꿈꿔 왔습니다. 여러분 손으로 모든 사람에게 기회를 줄 수 있는 사회를 실현해 보지 않겠습니까.

아라이는 정치가 중에는 보기 드문 연설의 달인이었다. 깔끔한 마스크에서 토해내는 아라이의 그 화술에 많은 청중들은 매료되었다. 그 결과 아라이는 1986년 선거에서 250여개 후원조직을 만들 수 있었고 10만표 이상의 높은 득표를 얻어 보기 좋게 첫 당선을 이루었다.

한국계 의원 탄생

'재일 한국인계' 신분으로 전후 처음으로 국회의원이 된 아라이에게, 국내외의 매스컴 취재가 쇄도했다. 《아사히신문》은 이번 당선을 '국제성을 보인 유권자들'이라고 평가하고 '국제사회·일본의 상징'이라고 절찬했다. 또 미국 신문은 아라이의 당선을 '일본의 새로운 가능성 국제화의 가능성'이라며, 미국의 일본계 상원의원과의 회담을 호소하기도 했다.

특히 한국 매스컴도 아라이의 당선에 깊은 관심을 보이고 각 신문사에서 '최초의 한국계 국회의원 탄생', '한일 신시대의 상징'이라며 대서특필했다.

일본 잡지에도 연일 아라이의 특집기사가 났다. 아라이는 이러한 매스컴 공세를 오히려 자신의 특이한 입장을 어필할 수 있는 찬스로 생각하고 이시기에 적극적으로 인터뷰에 응했다.

예를 들면 아라이는 평론가인 다케무라 겐이치竹村健一와 대담에서 다음과 같이 말했다.

다케무라 지금까지 한·일 관계는 '한일유착'이라는 말이 생겨날 정도로 정치가들 사이의 교류에서도 돈으로 해결하는 부분이 있는 듯이 전해지고 있습니다. 그러나 지금부터는 깨끗하게 교류해야 할 시기를 맞이하고 있습니다. 그 점에서 저는 앞으로 아라이 쇼케 의원께서 활약할 점이 많아질 거라고 생각되는데.

아라이 쇼케 한국도 그것을 희망하고 있는 듯합니다. 과거에 연연하지 않는 새로운 세대의 한일 관계를 만들고 싶다는 생각하고 있습니다.

다케무라 아라이 쇼케 의원님에 뒤이어서, 중국계 일본인이 국회의원이 되고, 일·중의 다리 역할을 해 주면 더욱더 좋아질 거라고 생각하는데…….

아라이 쇼케 그렇군요. 국제화 시대를 생각해 보면, 국가라는 것은 모든 사람에게 문호를 열어놓고 있다는 이미지를 갖고 있지 않으면 안 되지요. 이것을 실천하는 미국은 열린 나라라는 이미지가 있잖

아요.

　다케무라　그렇지요. 장래 10년, 20년 후에는 의원님이 장관이라도 되면, 이것은 굉장한 일이지요. 일본은 지금보다는 더 열린 나라가 되겠지요. 키신저 장관이 미국에 들어간 것은 10대 때의 일이지요. 그것에 비하면 의원님은 일본에서 태어난 것이니까.

　아라이 쇼케　부모님 대 때부터 일본에서 태어난 것이니까요.

　다케무라　미국이라면 대통령도 될 자격이 있지요. 저는 의원님이 장관이 되면…. 여하튼 지금부터 기대가 큽니다.

　아라이 쇼케　그때는 21세기를 맞이하고 있겠지요.

　다케무라　21세기가 되면 의원님은 몇 살이십니까?

　아라이 쇼케　52살입니다. 일본을 피부색이나 종교에 연연하지 않고 모든 사람들에게 기회를 부여하는 자유로운 사회로 만들고 싶습니다.

　당시 아라이에게 있었던 인터뷰 대부분은 다케무라의 질문 속에서도 보이듯이, '재일' 한국인이라는 특이한 경력에 착안 '국제화를 짊어질 사람'의 역할을 기대하고 있었던 것이다. 이 시기 아라이의 인터뷰 내용을 다시 한 번 읽어보면 아라이도 그러한 의도를 읽고 '재일' 한국인이라는 자신의 입장을 '한일 간의 다리'와 '국제화의 기수' 등 그 독자적인 입장을 내세우려고 했던 것 같다. 예를 들면 한 잡지 인터뷰에서 아라이는 다음과 같이 말하고 있다.

저와 같이, 부모님이 재일 한국인인 사람이 일본에 귀화한 사람이 국회의원이 된다는 것은 그 누구도 생각지 못했지요. 이것이야말로 일본사회가 자유의 사회이고 세계를 향해 퍼져나가기 시작한 하나의 증거라고 생각합니다. 당선 후에는 한국 매스컴으로부터 접근이 쇄도했지만 그것 이상으로 많았던 것이 미국의 매스컴이었습니다. 역시 일본을 폐쇄적인 나라라고 생각하고 있었던 것 같습니다만, 저와 같은 사람이 당선된 것으로 개방적인 일본으로의 기대가 커진 거지요. 이런 의미에서 저는 아시아에 있어서 한·일·미·중과의 관계 속에서 일본의 국제화를 위해 최선을 다하지 않으면 안 되겠지요. 그렇게 통감합니다.

86년 9월, 아라이는 당선 후 처음으로 한국 땅을 밟게 된다. 서울 올림픽위원회에 초대되었던 것이다. 한국을 방문한 것은 5년 전에 와타나베 미치오의 비서로서 방한한 이래 두 번째가 되는 것이다. 이번 방한은 그가 내건 '새로운 한일 관계' 구축을 위한 제일보가 된 것이었다. 전에는 '재일' 한국인이라는 출생을 감추면서 한 사람의 관료로서 방한한 것이었지만 이번은 '한국계 국회의원'으로 특별히 초대되었던 것이었다.

자연히 한국 매스컴은 아라이에 대한 인터뷰 내용은, 그 부분에 집중되었던 것이다. 아라이는 일본에서 최초의 '한국계 국회의원'으로서의 포부를 묻는 질문에 다음과 같이 대답했다.

저는 특별히 재일 한국인 대표로서 당선된 것은 아니지만 한국에 대해서는 제가 아니면 말할 수 없는 것들도 있겠지요. 그런 파이프 역할을 했으면 합니다.

전두환 대통령과의 회담에서도 대통령으로부터 '한일 장래는 아시아의 장래 그 자체지요. 젊고 새로운 사람들이 양국의 다리 역할을 해 주었으면 합니다' 라고 격려받는 등 한국정부도 아라이에 대한 큰 기대를 보이기도 했다.

국세화와 국익 사이의 딜레마

아라이는 당선 후 잠시 동안은 이러한 국내외 기대에 떠밀려 자신의 역할은 '일본의 국제화'에 있다고 하는 인식을 굳게 했고 갖가지 매스컴에 등장하며 '국제화의 기수'로서의 자신을 어필해 보였다. 그러나 아라이가 자신의 출생을 공식화하면 할수록 그에 대한 민족 차별은 깊어갔고, 당내에서도 이질적인 출생을 가진 아라이를 별로 달갑지 않게 생각하는 의원들의 이지메도 많아졌다. 그 중에서도 이시하라는 잡지에서 아라이에 대한 질문을 받았을 때 아라이가 외교문제에 관여하는 것에 대한 외형성에 대해 다음과 같은 코멘트를 했다.

'한일 관계에서 심한 마찰이 생겼을 때 과연 어느 쪽 국익을 우선할 것인가' 하는 것입니다. 아라이 씨의 원 국적이 북쪽인지 남쪽인지 저는 잘 모르겠습니다만 어쨌든 간에 일본과 한국 사이에는 교과서 문제나 독도 영유권 문제가 있고 어업권도 언제나 문제가 되고 있습니다. 북쪽은 일본을 적대시하는 나라이지요. 원 조국과 지금의 조국과의 우호에 노력하겠다는 것은 좋은 일이지만, 반드시 그렇게 되지 않는 경우가 있지 않을까요? 귀화했다고는 하지만 원 조국에 대한 애정이 있는 것은 지극히 자연스러운 것이니까요. 두 개의 조국 사이에 끼여 본인도 괴로울 때가 있을 것이라고 생각합니다.

이시하라는 여기서 한일, 북일 관계에 분쟁이 발생했을 경우 '두 개의 조국 사이에서 아라이는 과연 어느 쪽 국익을 우선할 것인가' 라는 것을 문제점으로 지적했다. 또한 귀화한 사람이 외교 무대에서 활약하는 것은 어려운 것이라고 하며 국제화나 외교면에서 아라이의 역할에 대해 부정적 입장을 피력했다.

이시하라의 코멘트를 게재한 《주간신조》는 또, 어느 정치 평론가의 말을 빌어 귀화한 아라이 국회의원의 문제점을 다음과 같이 지적했다.

가령 본인이 귀화한 것을 본인은 의식하지 않고 자연스럽게 행동한다 해도 주위에서는 그렇지 않고 그것을 의식할 것이며 '재일 한국·조선인' 은 자신들 입장에 서줄 것을 기대하겠지요. 만약 법무부 장관이나 외무부장관, 국방부장관과 같은 포지션에 올랐을 때, 국익에 관여되는 문제가 발생하면 필요 이상으로 어깨에 힘이 들어가 정치가로서의 선택과 결정에 실수를 저지를 가능성이 있지 않을까요?

그리고 《주간신조》는 마지막 부분에 다음과 같은 기사로 마무리를 하고 있다.

이것은 국가에 대한 충성심과 민족에 대한 애정=귀속의식 문제이다. 국정에 임하는 자가 그런 문제로 국민에게 불안을 주는 것은 이미 정치가 자격을 상실하고 있는 것은 아닐까.

일본인 이상의 일본인

당선 직후는 스스로 임해야 할 과제로서 '새로운 한일 관계'와 '일본의 국제화'를 내건 아라이였지만 일부 매스컴과 당내 우파세력의 민족 차별적인 공세가 격해짐에 따라 이런 문제에 관여하는 것을 의도적으로 피하려 하였다. 아라이가 국제화라는 슬로건을 내걸고 한일 관계나 '재일' 한국인 문제에 얼굴을 내밀면 '당신은 어느 편인가'라는 질문이 쌍방에서 일어날 수 있다는 것이 예상되었기 때문이었다. 아라이가 '재일' 조직이나 민족단체로부터 자금 원조를 받지 않은 것도 그런 이유에서 였다고 생각된다.

아라이는 분명히 국제화와 국익 사이의 딜레마로 고통스러워했다. 아라이는 이런 상황 속에서 자신의 입장을 분명히 하지 않으면 정치가로서 살아남을 수 없다고 깨달았던 것이다. 그 후 그는 '일본의 국제화'와는 정반대인 '전통의 나라 일본 역사를 존중하자' 라는 자세를 전면에 내세우고 '이 나라를 위해서 죽을 수 있는 가' 라는 숙제를 자기 자신에게 부과한다.

아라이는 어떤 인터뷰에서 다음과 같이 피력했다.

'자신보다 더 소중한 사람을 위해 죽는다 ' 라는 가치관을 보이지 않는 한 자신의 삶의 긴장 상태를 유지하기는 불가능하다. 포르니잔은 '남자가 모든 것을 다시 시작할 수 있는 것은 전쟁과 연애 밖에 없다' 라고 말하고 있지만 말입니다. 그것을 제 식으로 바꾸어 말하자면, '남자가 죽을 수 있는 것은, 국가를 위해서인가 여자를 위해서인가 둘 밖에 없다' 겠지요. 당돌하게 들릴지 모르지만 이 둘에는 자기희생, 즉 '죽음' 이 공통분모로 깔려있는 것이지요.

아라이는 두 개의 조국에 끼여서 살아가는 것보다 일본의 국익을 우선하는 애국주의자가 되는 것으로 어느 누구에게도 손가락질을 받지 않는 일본인 이상의 일본인이 되려고 노력했는지도 모른다.

아라이는 또 자신의 홈페이지에서 나라를 위해서 산다는 의미를 다음과 같이 논하고 있다.

적어도 정치적으로 정상의 자리에 설려고 하는 인간이, 제일 먼저 지키지 않으면 안 되는 것은 법률이 아닙니다. 비상시에 있어서는 그것을 잘못 생각해서는 안 됩니다. 국가 혹은 시민의 생명과 재산을 지키기 위해서는 법도 민주주의도 초월하는 순간이 비상시라는 것입니다. 가장 중요한 문제는 우리들이 국가라는 것이 존재한다고 생각한다면 국가를 지키는 것도 존재합니다. 국가를 지킨다는 의무가 존재하지 않으면 안 됩니다. 지금부터 이 나라를 사랑하고 살아 가려 하는 사람들은 무엇을 남겨야 합니까. 국가가 하나의 원리를 위해서 살기도 하고 죽기도 하는 것은 안 됩니다. 국가라는 것은 국가로서 계승되어온 것, 가령 그것이 비합법적인 것이라 하더라도, 그 무엇이라 하더라도 앞에서 말씀드린 바와 같이 계승해 가지 않으면 안 됩니다. 그렇지만 한 인간이 생각해 낸 평화주의라든가 인권이라든가 그런 불변적인 것을 위하여 이 긴 역사와 전통이 있는 국가를 버린다는 것은 절대로 있어서는 안 된다는 것이 저 아라이 쇼케의 결론입니다.

이 의사 표명 속에는 아라이의 일본에 대한 절대적 충성심과 일본을 위해서 목숨을 버려도 좋다는 각오가 느껴진다.

고립

아라이는 2기에 들어가면서부터 당내개혁파 리더로서 정치개혁에 의욕을 보였다. 1992년 도쿄의 사가와佐川 택배 사건 때는, 당시 자민당의 대표였던 가네마루 신金丸信 부총재와 다케시타 노보루竹下登 전 수상을 지명하며 비판했다.

젊은 개혁파 기수로서 각광을 받았다. 당시 아라이와 함께 가네마루를 의원직 사퇴로 몰아붙인 오타 세이이치太田誠一는 그때의 기억을 다음과 같이 말했다.

> 아라이 쇼케 군은 내방에 와서 '지금부터는 몸을 돌보아서는 안
> 된다. 정치가로서 정치 생명을 걸고 죽을 때는 죽는 것이 중요하다'
> 라고 말했다. 그래서 '무엇을 할 것인가' 라고 묻자 '가네마루 지배
> 권력의 2중 구조를 타도하지 않으면 안 되지요' 라고 했습니다.

아라이가 정치가로서 일본을 위한 목숨을 건 투쟁은 55년 체
재 아래에서 구축된 밀실담합의 정치풍토를 해체하는 것이었다.
아라이는 스스로를 '오늘날의 사카모토 료마坂本龍馬'라고 하며 연
일 텔레비전에 출연하여 파벌정치 폐해를 호소하며 정치개혁을
주장했다. 가네마루에게 의원사퇴를 요구, 당의 부패 일소를 주장
했다.

아라이는 분명히 승부를 걸고 있었다. 1994년 와타나베 미치
오가 신당 총재 자리를 노리고 당을 떠날 움직임을 보이자 당 개
혁을 포기하고 결국 자민당을 떠난다. 가기자와 히로나오柿澤弘治
와 함께 자유당을 결성 와타나베를 총리로 내세우려고 했지만, 와
타나베는 마지막까지 당을 떠나지 않았다. 결국 아라이의 투쟁은
수포로 돌아갔다. 그 후 아라이는 자유당, 신진당 등 21세기와 함
께 방랑이 계속되었지만 어느 당에도 있을 자리를 잡지 못하게 되
었다.

아라이는 우여곡절 끝에 97년 7월 자민당에 복귀하지만 이곳

에도 아라이의 자리는 준비되어 있지 않았다. 구舊 와타나베파渡辺派는 아라이를 받아들이는 것을 거부했다. 받아줄 곳이 없는 그를 구 미츠카파三塚派가 하는 수 없이 받아주지만, 그것은 당내 인원수 확충에 불과한 것이었다. 아라이는 구 미츠카파 안에서도 마지막까지 고립된 존재였다.

그런 아라이를 기다리고 있던 것은 이전에 아라이가 정치개혁의 타깃으로 삼았던 정치가들의 이지메라는 이름의 보복이었다.

왜 자신의 주식투자만이 문제인가

아라이에 대한 이지메는 한 신문기사가 발단이 되었다. '니코증권日興證券 아라이 쇼케 의원에게 이익제공'. 97년 12월 22일 조간에 기재된 이 신문기사 문구를 시작으로 매스컴은 아라이를 일련의 증권의혹 주인공으로 부각시켰다. 많은 매스컴은 아라이가 니코증권에 부정한 이익제공을 요구, 주식거래를 통해 2900만 엔이 넘는 이익 대가를 받았다고 보도했다. 기자 회견에 응한 아라이는 '조금이라도 그런 일이 있었다면 나는 즉시 국회의원 뱃지를 반납하고 의원직을 사퇴하겠다'라며 의혹을 부정했다.

그러나 이 소동으로 아라이는 자민당 도쿄 오타大田지부 입당을 유보당하고 자민당 금융시스템 안정위원회의 사무국장도 사임하지 않을 수 없게 된다.

그 후 니코증권이 국회에 제출한 자료에서 아라이가 1995년 10월에 니코증권의 신바시新橋 지점에 가명계좌를 개설, 97년 4월

구좌 폐쇄 때까지 140회 이상의 주식 매매를 반복 4090만 엔의 이익을 올린 것이 밝혀졌다. 그러나 고객이 증권회사로부터 단순히 이익공급을 받는 것만으로는 죄가 되지 않는다. 고객의 요구의 결과로서 이익을 받는 것이 입증된 경우만이 처벌을 받게 된다. 이 시점에서 도쿄지검 특수부 수사는 아라이가 니코증권에 이익을 요구했는가에 초점이 맞추어졌다.

'증권 의혹' 보도가 가열됨에 따라 야당은 '아라이 쇼케의 증인 출두'를 요구했다. 자민당 내에서도 아라이의 자주적 탈당을 요구하는 목소리가 높아져 갔다. 아라이는 한 당원에게 '16살까지 한국인 이었다'는 것을 고백, 몇백 명의 국회의원이 나와 똑같은 투자를 하고 있는데 '내 주식 거래만이 문제가 되는 것은 민족차별이 아닌가'라고 말했다고 한다.

또, 자민당 집행부의 탈당 요청에 대해서 비서에게 '아이들의 이지메가 문제가 되고 있지만 이것은 어른들의 이지메가 아닌가'라는 말을 흘렸다고 한다.

아라이는 1998년 1월 30일의 중의원 예산위원회의 참고인 질의에서 '차명 계좌를 이용한 것은 경솔했지만 니코증권에 이익을 요구한 적은 없다'라고 자신의 결백을 다시 한 번 주장했다.

그리고 2월 17일 아라이는 도쿄지검의 조사를 받는다. 그러나 그 조사 이전에 아라이에 대한 조서는 이미 작성되어 있었고 사인을 하는 것으로 처리되는 상태였다고 한다. 이것은 검찰이 아라이의 변명을 듣지도 않고 니코증권 측의 진술만으로 아라이의 유죄를 확정했다는 것을 알 수 있다.

피차별 의식의 승화

다음날 18일, 도쿄지검은 '증권거래 위반법' 의혹으로 체포영장을 도쿄지방 재판소에 청구했다. 지방재판소의 요청에 준해 체포 허락 청구서를 받아들인 중의원 의장은 아라이의 체포 허락에 관한 판단을 '의원운영위원회'에 맡겼다. 그러나 검찰로부터 체포허락 청구 시비를 심의할 의원운영위원회는 아라이가 변명을 위해 준비한 자료조차도 거부했다고 전해진다. 즉 국회는 아라이의 최후 변명을 듣지 않은 채 사법당국의 판단을 그대로 인정하여 그의 체포승낙을 받아들인 것이었다.

며칠 후 아라이가 남긴 니코증권의 '하마히라濱平 메모'에 '조서는 전부 검사가 준비한 것으로 그에게는 고칠 기회를 주지 않았던 것' 또 니코증권과 하마히라와의 교섭을 기록한 '하마히라濱平 부인의 메모'에는 하마히라가 검찰 측 의도에 따라 위증을 한 것으로 니코증권으로부터 5억 2800만 엔(평생자금에 해당하는 일시금)을 받았다는 것이 기록되어 있다.

이러한 사실에서 당의 실력자에게 증권의혹 용의가 파급되는 것을 두려워한 자민당 집행부와 증권의혹에 무엇인가 결론을 내려야 하는 도쿄지검, 게다가 배임죄를 벗어나고 싶은 니코증권 간부 등, 삼자 사이에 정치적 흥정이 있었던 것은 아닌가 하는 견해도 있을 수 있다.

예산안심의회의 귀찮은 존재를 청소하고 싶은 자민당, 주식거래에 의해 정치헌금을 받고 있는 국회의원을 견제하고 싶은 검찰, 정치가에게 죄를 떠넘기고 싶은 증권회사, 아라이는 이 삼자에 의한 보기 좋은 희생양이었는지도 모른다.

본래 자신을 지켜줘야 했을 자민당, 그 자민당은 자신의 의견을 들으려 하지도 않고 니코증권 측 진술에 근거한 검찰의 판단만으로 자신의 정치생명을 빼앗으려고 했던 것이다.

여기에는 아라이가 목숨을 바쳐 사랑한 나라 일본으로부터의 배신이 있었던 것이다. 아라이는 이러한 사면초가 속에서 어찌할 도리가 없는 고립감을 맛보고 마침내 그 고립의식은 아라이가 이전에 체험한 '재일 한국인'의 피차별 의식=' 일본인이 아니다' 라는 동료들로부터의 따돌림을 받았던 의식으로 승화되어 간다.

지금에 와서 생각해 보면 참고인 질의에서 아라이가 말한 '16살까지 재일한국인이었습니다' 라는 최후의 말에는 이러한 피차별 의식의 이중적인 표현이었던 것은 아닐까.

최후의 만찬

최후의 기자회견을 마친 아라이는 자살 직전에 비서 두 명 그리고 부인과 함께 최후의 만찬을 들었다. 이때 아라이는 침통한 표정으로 자신을 도와주지 않았던 당의 동료에 대한 절망과 당사자의 말을 들어주지 않고 범인 취급을 한 매스컴에 대한 불신감을 드러냈다.

국회에도 기대할 수 없다. 의원운영위원회에서 진실을 들어줄 것이라 생각했는데 그 누구도 들어주지 않았다. 함께 고생한 동지였는데 왜 믿어주지 않는 것일까. 매스컴도 의도적으로 검찰 정보를 그대로 보도한다. 당사자의 발언을 들으려 하지 않는다. 이것은 파시즘이다. 왜 일본은 이런 나라가 되었는가.

아라이는 증권회사로부터 배신당하고 자민당의 동료에게는 죄인 취급을 받고, 의지할 곳인 매스컴으로부터도 배신을 당하자 고립감은 깊어가고 점점 절망감에 빠져 갔다. 아라이는 가까운 바에서 혼자 술을 마신 후 호텔 방으로 돌아와 다시 술을 마셨다. 냉장고에서 캔 맥주를 꺼내 있는 맥주를 전부 마시고 마지막으로 비운 빈 맥주캔을 눌러서 찌그러뜨렸다고 한다. 상당히 분했던 것이었다. 그 날 밤 절망의 끝에선 아라이는 옛 친구에게 전화를 걸어 이런 메시지를 남기고 있다.

너는 아직 일본에 있었는가. 이런 나라에 집착하지 말고 더 큰 나라에서 활약을 생각해 보는 것이 낫지 않겠나.

부인 마리코는 이 말을 들었을 때 아라이가 그렇게 좋아한 일본과 관계를 버리려 했던 것을 깨달았다고 한다. 조국을 버리면서 '재일' 코리언 사회와도 거리를 두고 오로지 일본을 사랑해 온 인간이 일본에서 활약 무대를 잃으면 어디로 가야 하는가. 정말 정치가로서 이 나라에 목숨을 바친 아라이에게 있어서 정치 무대로부터의 추방은 어떤 의미에서는 사형선고와 마찬가지였는지도 모른다.

마리코 부인은 남편의 죽음에 대해 '결코 궁지에 몰려 죽음을 선택한 것은 아닙니다. 자신의 삶의 방법의 연장선상에서 택한 죽음이었습니다' 라고 말했다. 아라이는 '자신이 인생의 막을 내릴 수단을 결정했다' 라고 말했다.

아라이에게 이러한 '인생의 막을 내리는 법' 을 만들게 한 일본사회나 일본 정치 시스템에는 문제가 없었던 것일까. 코리언이라는 출신성분을 가진 아라이 쇼케는 일본에서의 상승지향을 '탈코리언' 에서 찾았지만 일본사회는 이질적인 출생을 가진 인간에게 그다지 관용을 베풀지는 않았다. 그가 출세하려고 하면 할수록 정계나 매스컴의 혐한파嫌韓派는 그를 일본인으로서의 자질을 문제시하는 한편 친한파親韓派는 그에게 한국의원으로서의 가능성을 기대했기 때문이었다. 결국 '진정한 일본인' 이 되는 것에 집중했던 그는 일본의 혐한파嫌韓派도 친한파親韓派도 만족시킬 수 없었다.

여기에서 아라이 쇼케에게 '다른 인생도 있는데' 라고 말하는 것은 간단하다. 그러나 역시, 문책 받아야 하는 것은 아라이 쇼케와 같은 삶의 방법을 희망하는 '재일' 코리언의 전도前途를 막아버리고 있는 일본사회가 아닐까. 이와 같은 아라이 쇼케의 죽음은 다시 한 번 '단일 민족국가' 에서 이질적인 출생을 가진 인간이 살아가는데 있어서의 험난함을 가르쳐준 비극이었다고 말할 수 있을 것이다.

제4장

조국의 벽

── 본국 투자에 목숨을 건 세 명의 남자들

신격호

1 서갑호의 비극

헌신적인 원조

'재일'코리언 대부분은 납세 의무는 지면서도 그것에 준하는 권리는 보장되어 있지 않는 불합리성에 격분을 느끼며 살아왔다. 연간 2000억에서 3000억 엔에 달하는 '재일'코리언의 납세액 규모를 보아도 그들이 일본 경제의 저변을 지탱하면서 일본의 고도성장에 공헌해 왔다는 것을 알 수 있다.

그러나 일본시장을 기반으로 자기 기업을 확대해서 많은 세금을 낸다고 해도 일본 정부에게 감사하다는 말을 들어본 적도 없고 그렇다고 해서 그들의 세금이 모국 경제성장에 기여하는 것도 아니다. 그래서 한편으로는 일본에서 성공을 거두어 조국에 금의환향하려는 '재일' 코리언들의 생각에도 수긍이 간다.

실제로 지금까지 많은 '재일' 코리언이 일본에서 축적한 부를 여러 형태로 본국에 투자했다. 그들의 본국(한국)투자는 1965년 한일 국교 정상화를 계기로 본격화되었고 1974년에는 본국 투자의 창구가 되는 '재일 한국인 본국 투자협회'가 설립된 것으로 투자 건수와 금액 등이 70년대 후반부터 급증하게 되었다.

그 결과 한국이 고도성장을 이룩한 1965년에서 78년까지 '재일' 코리언이 본국에 투자한 금액은 10억 달러(건수 400)를 넘고 같은 기간 중(1962년~1968년) 외국인 투자의 총액 9억 3700만 달러를 웃돌고 있다.

이 숫자만 보더라도 '재일' 코리언의 본국 투자가 얼마만큼 한국의 외자外資 부족을 보완하고 경제발전에 기여해 왔는가를 알 수 있을 것이다.

또 그들 중에는 자본 투자나 기업진출이라는 형태를 취하지 않더라도 가난한 농촌에 직접 생활물자(식료품, 의류, 가구, 전기제품)를 보내기도 하고, 고향에 학교나 교량, 도로를 건설한 예도 많아서 그들이 조국에 투자한 것은 금전만으로는 계산하기 힘든 것이었다. 어떻든 간에 60년대에서 70년대에 걸친 '재일' 코리언의 조국에 대한 헌신적인 원조나 투자가 한국 경제부흥의 기반을 만들었다고 말해도 과언이 아닐 것이다.

여기서는 본국 투자에 목숨을 건 세 명의 '재일' 코리언 1세의 삶을 통해 '재일' 코리언과 조국과의 관계에 대해 생각해 보기로 한다.

방적왕紡績王

지금은 많은 '재일' 코리언 기업이 한국에 진출해 있지만 군사 정권 아래에서는 국가 리스크가 높았고 유통시스템이나 소비자 의식이 일본과 전혀 다른 한국에 진출하는 것은 커다란 위험을 동반한 것이었다.

특히 일본과의 국교가 정상화되지 않았던 1960년대 전반기는 법적인 수속이 곤란할 뿐만 아니라 한국내의 경제 사정도 안 좋고 본국 투자의 가능성을 찾으려고 한 '재일' 코리언은 거의 없는 것과 마찬가지였다. 조국에 금의환향을 하려 해도 본국 투자에는 너무나 큰 위험이 도사리고 있었던 것이다.

전후戰後 방적왕으로 이름을 떨친 서갑호徐甲虎는 이러한 상황 속에서도 과감하게 본국 투자에 도전한 '재일' 코리언의 선구자였다.

1928년 14살 때 일본에 건너온 서갑호는 오사카에서 대대로 상업에 종사하는 집에 견습생으로 들어가 베 짜는 기술을 습득했다. 그 후 사탕팔이, 폐품회수, 타올 공장 기름붓기 등 직업을 전전하면서 전후 군수물자 판매로 번 자금으로 거의 폐품처리 되다시피 한 방적기를 사서 모아 1948년 사카모토坂本방적을 설립했다.

그 후 그는 한국전쟁이라는 특수 경기를 타고 기업규모를 확대하여 사카모토방적에 오사카방적과 히타치常陸방적을 차례로 설립, 서갑호는 연 300억 엔을 버는 서西일본 최대 규모의 '방적왕'으로 군림했다.

또 그는 자신의 사업을 부동산과 호텔 부문에 확대시켜나갔다. 사카모토 그룹은 전후 일본 경제의 부흥을 지탱한 섬유 산업의 10대 방적 회사 중 하나로 자리잡을 만큼 성장했다.

단기간에 급성장을 이룩한 서갑호의 수완은 금방 재벌계에 화제가 되었다. 1950년도 납세액 1억 2천만 엔, 35세의 젊은 나이에 오사카부大阪府의 백만장자 순번 톱의 자리에 올랐고 52년에는 납세액 3억 6천만으로 전국 백만장자 순번 제5위를 기록하는 등 '재일' 코리언인 그의 눈부신 활약은 본국에서도 화제가 되었다.

또 예능계의 스타 가수로서 유명했던 다바타 미노루田端實를 자신의 차녀와 결혼시키고 사카모토방적 중역으로 취임시키기도 했다. 도쿄 아사후麻布의 광대한 토지를 시가 수십 억에 매입해 주일住日 한국대사관 부지로 한국 정부에 기부하는 등, 그의 파격적인 이러한 행동은 언제나 세상 사람들을 놀라게 했다.

그는 또 '재일' 코리언들의 민족 활동에도 원조를 아끼지 않는 사람이었다. 50년대 후반의 불황기에도 오사카 총영사관 건설에 2천만 엔을 기부했고, 오사카의 민단에는 매년 500만 엔의 찬조금을 계속 제공했다. 게다가 '재일' 코리언 자제들의 민족 교육을 위해 오사카 한국 학교를 설립하기도 했다. 자신이 이사장으로 매월 250만 엔의 자금 원조를 실천한 애국자이기도 했다.

전후 최초의 대형 도산倒産

애국심에 불타는 서갑호가 본국에 진출을 결심한 것은 1961년 군사 쿠데타에 의해 박정희 정권이 탄생하고 한국이 공업화에 막 착수하려던 시기였다.

그는 자금 원조를 통해 박 정권에 접근 대재벌 중 하나였던 태창泰昌방적을 매수, 1963년 서울에 방림邦林방적(자본금 11억 엔)을 설립했다. 그리고 171억 엔을 투자하여 대구에도 윤성潤成방적을 설립했다.

그 공장에서 근무하는 한국인 사원만도 한때 4천명에 달했으며 사카모토(방림)그룹은 삼성이나 럭키금성 등과 어깨를 나란히 하는 6대 특혜 재벌의 하나로 손꼽히게 된다.

이렇게 해서 그는 한국에서도 말 그대로 최대 규모의 방적회사 오너가 되었다. 그러나 그것도 한순간 조업직전 윤성방적 공업을 화재로 소실한다. 자금 변통에 실패하고 조업 재개의 전도가 보이지 않게 되자 조국에 280억 엔을 투자했으면서도 서갑호는 한국에서 철수하지 않을 수 없게 된다.

이 사건을 계기로 사카모토 방적은 일본에서 경영 상황도 악화하고 엎친 데 덮친 격으로 오일 쇼크 영향을 받아 1974년 관련 회사를 포함해 640억 엔 부채를 내고 사카모토 그룹은 도산한다. 이 사건은 전후 최초의 대형 도산으로 세간을 떠들썩하게 하고 일본의 방적회사까지 손을 뗄 수밖에 없게 된 서갑호는 다시는 재기하지 못하는 비극의 주인공인 채로 타계한다.

2 신격호의 두 얼굴

26세로 롯데를 설립

조국에서 성공을 꿈꾸는 '재일' 기업인에게 있어서 서갑호의 삶이 비극의 전형이라고 한다면, 역시 '재일' 코리언으로서 일본에서 성공해 한국 내에서 톱 텐에 들어간 대재벌을 구축한 신격호辛格浩의 인생은 석세스 스토리 그 자체라 해도 좋을 것이다.

경상남도의 한 시골 빈농에서 태어난 신격호는(일본명:시게미쓰 다케오重光武雄) 1941년, 18세 때 도일한다. 우유배달, 잡역부, 공장 작업원, 철판 운반, 트럭 운전 등을 하면서 와세다早稻田 고등공업학교를 졸업했다. 재학 중에 선반용 커팅 오일을 개발하는 연구소에서 일하며 기름제조법을 배운다. 종전終戰이 된 해 9월 도쿄 오키쿠보荻窪에 '히카리 특수화학 연구소'를 설립하고 유지油脂를 원료로 제조한 비누나 머릿기름 등의 화장품 생산을 본격화한다. 그 화장품을 판매해서 번 돈을 자금으로 그는 26세 때, 자본금 100만 엔으로 주식회사 '롯데'를 설립했다. (그의 회고에 의하면 하나에 10엔 하는 화장품 원가는 3엔에서 5엔, 샐러리맨 월급이 200엔 시대에 그의 수중에는 매월 4~5만 엔을 벌었다고 한다)

당시 사원은 불과 10여 명이었다. 그는 미군이 가지고 온 추잉껌을 힌트로 시험에 시험을 거듭한 결과 풍선껌 제조에 착수한다. 당시 껌은 만드는 곧장 팔려나가 잠 잘 틈도 없이 바빴다고 한다.

현상금 소동

당시 껌 제조에는 일확천금을 노리고 많은 투자가들이 모여들어 전국에 400개 가까운 껌 회사가 난립했다. 그 중에서도 껌 업계 챔피언으로 불렸던 하리스는 1952년 시점에서 전국 껌 시장의 40%를 점유하고 있었다.

롯데는 '천연 치크롤'을 캐치프레이즈로 매상을 올렸지만(하리스는 초산비닐을 주원료로 하고 있었다) 하리스를 따라잡지 못했다.

그러나 롯데는 주부 아르바이트들을 세일즈의 전면에 내세워 껌과 인연이 없는 담배 가게에도 판로를 넓히는 등 꾸준히 말단 판매를 구축하는 것으로 착실히 하리스와 차이를 좁혀 갔다.

하리스와 경쟁에서 종지부를 찍은 것은 1961년이었다. '당시 롯데는 껌 겉종이 100엔 분을 모아서 롯데에 보내면 그 추첨을 통해 특상 1천만 엔이 당첨되는 현상 광고를 신문지상에 발표했다. 당시 1천만 엔은 현재의 1억 엔 이상의 가치(덧붙여 말하면 당시의 평균 월수는 2만 500엔)였다. 사람들은 앞을 다투어 롯데 껌을 구매했고 순식간에 760만 개의 응모가 롯데 본사에 쇄도했다고 한다. 공정거래 위원회 개입에 의해 이후 이러한 대형 현상금을 거는 것은 '부당 경품 방지법' 대상이 되었지만 이 현상금 소동을 계기로 롯데는 껌 판매가 비약적으로 상승하여 하리스를 압도하게 되었다.

일본에서도 롯데그룹의 비약적인 모습은 모두가 아는 바와 같다. 껌 시장의 7%를 점유하는 롯데제과를 필두로 부동산, 전자, 프로 야구단 등 롯데그룹은 식품부문에 그치지 않고 타 분야에도 발을 넓혔다. 롯데는 과자 메이커로서 일본 경제계에 흔들림 없는 위치를 획득하고 있다.

한일 브릿지 경영

일본에서 성공을 거둔 신격호가 본국에 재진출을 결심한 것은 1967년 일본과 한국이 국교 정상화가가 되고 박 정권이 본격적인 공업화에 착수하려고 하는 시기였다.

신격호는 1958년에 본국 투자를 시도했지만 실패로 끝난 쓴 경험을 갖고 있어서 한국 진출에는 신중을 기했다. 한국 경제실정을 철저히 조사한 다음 안정성 있는 사업부터 개시하려고 하는 것이 그의 지론이었던 것이다.

많은 '재일' 코리언 기업이 한국 정부 의향에 동조하여 국외시장을 판매 대상으로 한 수출 산업을 한국에 이식하려고 하는 것에 반해 그는 처음에 생각하고 있던 제철소 건설을 단념하고 우선은 국내시장을 겨냥한 과자 제조업에 타깃을 좁혔다.

일본에서 키운 식품경영 노하우를 그대로 한국에 이식, 일본식의 새로운 식품생산 시스템을 보급시키려 했던 것이다.

이렇게 해서 1967년 4월 한국판 롯데제과가 탄생한다. 롯데제과 회장에는 그의 오랜 친구이고 한국 정부와 파이프를 가진 유창순柳彰順(전 국무총리)을 지명하고 자신은 사장으로 취임해 1년 중반은 한국에서 생활하는 한일 브릿지 경영을 시작했던 것이다.

신격호는 롯데제과 성공을 시작으로 본격적인 대한對韓투자를 개시한다. 70년대에 들어서 롯데햄, 롯데우유, 롯데주조, 롯데축산, 롯데리아 등 계열기업을 신설, 그는 문자 그대로 한국 최대 식품 메이커로 군림한다.

그 후에도 롯데그룹은 롯데기기, 롯데전자, 칠성사이다, 평화건설, 호남석유화학 등의 기업을 차례로 인수해 순식간에 20개 이상의 관련 기업을 끌어안는 대기업으로 성장한다.

그 중에서도 1억 2천만 달러를 투자, 1975년에 개시한 지상38층 건물의 롯데호텔 건설은 지역주민의 반대도 있었지만 박대통령의 정책적 지원을 얻어내 5년에 걸쳐서 마침내 완성한 국가적 프로젝트였다.

롯데그룹의 신규사업은 멈출 줄을 몰랐다. 89년에 6천400억 원을 투자해 완성한 롯데월드를 비롯해 롯데백화점, 부산호텔, 프로야구 롯데자이언츠 등 식품, 유통, 서비스, 레저 부문을 중심으로 현재도 엄청난 규모의 신규사업을 전개하고 있다.

'재일' 코리언의 특권

신격호가 서갑호와는 대조적으로 본국 투자에 이 정도로 성공을 이룬 것은 어째서일까. 그 이유는 몇 가지를 생각할 수 있을 것이다.

우선 첫째로, 신격호가 처음에 본국투자에 실패했을 때 철수 시기에 대한 오류를 범하지 않았기 때문에 최소한도의 손해로 끝낼 수 있었다는 점이다. 두 번째는 재차 시도한 본국투자에서 한일 국교정상화라는 절호의 타이밍을 놓치지 않았다는 것이다. 셋째로 그가 '재일' 코리언 기업의 특권을 살려서 한일간 금리 격차를 이용했다는 점이다. 즉 일본에서 배양한 롯데의 신용으로 조달한 낮은 이자 자금을 대출금 이자율이 높은 한국에서 유리하게 운용할 수 있었다는 점이다. 네 번째는 롯데그룹이 불황 아래에서도 광고비를 아끼지 않고 자사 제품 선전에 노력했다는 것이다. 다섯 번째는 거대 프로젝트를 추진할 때 본국 정부의 지원을 받을 수 있었다는 점이다. 그리고 마지막으로 신격호는 자신이 한국에서는 철저한 한국인이 되려고 노력했던 점이다.

두 개의 얼굴

그러나 롯데가 '재일' 한국인 기업으로서 이처럼 조국의 경제 발전에 기여하면서도 한국 내에서 비판을 받는 이유는 무엇일까.

그는 한국에서는 한국인이 되려고 노력하는 한편, 일본에서는 시게미쓰 다케오重光武雄라는 일본 식품메이커를 대표하는 일본인 기업가로서 또 하나의 얼굴을 가지고 있다. 그러한 의미에서 그는 한일 양국에서 두 개의 얼굴을 나누어 사용하는 기업인이기도 했다.

말할 것도 없이 그의 이러한 재빠른 변신은, 이질적 문화에 폐쇄적인 일본의 업계에서는 불필요한 마찰을 피한다는 점에서 효과를 올린 것은 의심할 여지가 없다. 그러나 이러한 그의 삶의 방식에는 본국이나 '재일' 사회에서 반듯이 호의적으로 받아들여지지 않는 측면도 가지고 있었다.

　예를 들면 한국인들은 어디까지나 신격호를 일본인 기업가 '시게미쓰 다케오重光武雄'로 받아들여 롯데그룹을 일본자본 진출로 간주하는 사람들도 있다.

　일본 강점 하에서 일본자본에 의해 건설된 반도호텔 부근을 롯데가 매수하여 롯데호텔을 건설할 당시 '일본을 겨우 내쫓았는데 이번에는 롯데가 들어서는가' 라든가, '롯데는 일본자본의 재침략의 상징이다' 라는 뒷말이 지역 주민들과 재계에서 입에 오르내린 것은 한국 사람들이 롯데그룹의 총수 '신격호'의 배후에 일본인 '시게미쓰 다케오'의 모습을 오버랩시키고 있기 때문이다.

　여기서 한국인의 재일교포에 대한 겉으로 드러나지 않는 편견과 차별의식을 읽을 수 있다. 그렇지만 '신격호'가 '시게미쓰'의 그림자를 갖고 있는 이상 지역 주민과 이러한 마찰은 계속될 것임에 틀림없다.

　한편 신격호는 또 일본에서는 완전한 일본인이 되려고 노력했다. 이것을 위해 그는 일본 롯데를 순수한 일본기업으로 키우기 위해 롯데그룹에서 한국인 색을 벗으려고 애썼다. 가족을 제외하고는 '재일'코리언을 그룹 중추에 받아들이지 않았던 것은 그 때문이었다. 롯데그룹이 재일동포에게도 지지받고 있지 못하는 것은 이러한 롯데의 민족 배제적인 경영자세에 의한 것이라고도 전해진다.

　언젠가 시게미쓰가 일본에서도 신격호로서 활약하고 일본의 롯데 간부에게 한국인 사원을 영입할 때 한국 사람들은 그를 진정 한민족 기업인으로 받아들일지 모른다. 또 어쩔 수 없이 일본명을 쓰며 기업 활동을 하는 '재일' 한국인 기업인에게도 커다란 영향을 미칠 것이다.

과연 신격호가 실상이고 시게미쓰가 허상인가 아니면 그 반대인가? 이 물음은 일본인 가면을 쓴 대부분의 모든 '재일' 코리언에게 묻는 것이라 해도 좋을 것이다.

3 이희건의 도전

한국인을 위한 금융기관

롯데의 신격호가 '재일' 재계의 동쪽 챔피언이라면, 서쪽 챔피언은 관서에 있는 민족 금융기관을 크게 발전시켜 본국에 교포 은행을 설립한 이희건李熙建일 것이다. 일본의 민간은행과 공적 융자기관에 있어서 '국적 상위相違에 의한 융자 거부'는 자금난에 허덕이는 '재일' 코리언 상공인에 있어서는 오랜 세월의 고민거리였었다. 일본 은행창구에서 주민증 제출을 요청받기도 하고 일본인 연대 보증인을 요구하는 등 차별적인 대출 조건이 '재일' 코리언의 기업 활동을 크게 제약해 왔던 것이다.

1955년 11월 오사카 거주 한국인 실업가를 중심으로 '한국인에 의한 한국인을 위한 금융기관'으로 오사카 상업은행에 뒤이어

탄생한 신용조합 '오사카흥은大阪興銀'은 자금 확보에 고심하는 '재일'코리언 기업인이 활약할 수 있는 길을 열어주는 기관으로 커다란 기대를 모았다. 당시 불리한 경제 정세에도 불구하고 많은 오사카 거주 코리언의 지지에 의해 흥은興銀은 제1기 결산을 총 예금액 1억 6천464만 엔, 조합원수 559명, 출자금 931만 엔 등 순조로운 출발을 보였다.

1956년 이희건이 이사장에 취임하고 나서 흥은은 그의 특유의 예금획득 전술에 의해 일약 신용조합계의 풍운아가 되었다. 당시 일본에서는 신용조합의 도산이 계속되어 신용조합에 예금하려고 하는 사람이 거의 없었다. 이희건은 자택을 담보로 3천400만 엔의 자금을 모아 그것으로 '예금이자를 먼저 지불한다'라는 파격적인 조건으로 예금주들을 모집했다.

이러한 특유한 전술이 공을 세웠는지 56년에 들어서서 예금액이 급증하고 연말에는 총 예금액 6억 1천530만 엔을 기록, 오사카에 존재하는 47개 조합 중 제2위라는 성적을 거두면서 순식간에 업계의 주목을 끌었다.

최대 규모의 신용조합으로

이후 오사카흥은, 이희건 체제 아래에서 '철저한 고객주의'를 내걸고 '재일'코리언이 집중 거주하는 이구노구猪飼野區를 중심으로 동포가 경영하는 음식점, 빠찡고, 상점, 공장 등을 타깃으로 예금획득 운동을 전개한다.

이 이사장 자신이 단골손님에게 호별 방문을 할 뿐만이 아니라 예금획득에 준하는 외무원에 대해 수수료제(1960년 3월 폐지), '복권을 곁들인 정기적금'(1974년), '생일 선물 예금액'(이 예금을 계약하면, 생일날에 선물이 배달되는 것, 1976년), '한 사람이 1천건 방문 운동'(방문원은 2개월 간에 한 사람당 1천건을 방문하여 신규거래를 개척한다는 것, 1977년) 등 연속적인 아이디어 상품전술을 내걸어 마침내 1978년에는 총 금액 1천억 엔을 달성했다.

일본의 금융 개혁이 진행된 96년에 들어서자 오사카흥은, 고베神戸 상업은행, 와카야마和歌山 상업은행 등 한신협韓信協 산하의 4개의 신용조합을 합병 '간사이흥은關西興銀'이라 명칭을 변경, 총 예금 1조 2천억 엔, 조합원 6만 3천명, 점포 42개라는 말 그대로 일본 제일의 대형 신용조합으로 변모했다.

그 스케일은, 단순하게 예금 양만으로만 보더라도 지역은행 64개 중 52위인 야마카타山形은행에 필적한다. 이 합병은 금리 자유화 시세時勢를 맞아 격심함을 더해 가는 금융 정세에 대한 서바이벌 전략이라고도 일컬어지지만 진짜 목적은 보통은행으로의 전환 준비였던 것이다. 이희건 회장의 꿈은 멀지 않은 장래에 한국에 설립한 교포 은행인 신한은행과 은행으로 승격한 간사이흥은을 합병해 세계적인 은행으로 만드는 것이었다.

생각해 보면 10년 전까지만 해도 한국에 '재일' 코리언 은행을 설립한다는 것은 꿈도 꾸지 못했었다. 그 꿈을 현실로 실현시킨 사람이 바로 이희건이었다.

한국 제1위의 순이익

1981년 5월 14일 이희건은 제26회 총회에서 '재일동포의 힘으로 본국에 도시은행을 만들어 동포와 일본인의 한국 진출을 뒤에서 지원하는 것이 이젠 꿈이 아니다'라고 말하고 조합원들 앞에서 처음으로 본국에 교포 은행을 설립한 취지를 발표했다.

당시 한국에서는 5개의 시중은행이 존재했지만 모두 반관반민半官半民색이 강했다. 또한 전두환 정권은 80년대의 경제정책으로 은행 민영화 노선을 내걸었지만 100% 민간 자본 시중은행은 아직 실현되지 않았었다. 이러한 의미에서 '재일동포가 전액 출자한 도시은행을 본국에'라는 오랜 세월을 두고 간직한 이희건의 야망은 금융자립화 정책을 내건 새로운 정부 슬로건과 일치함으로써 개화할 수 있었다.

1982년 7월 서울 명동에 영업을 개시한 신한은행은 한국 금융 사상 최초의 순수 민영은행으로 세간에 화제를 불러일으켰고 개업 당일 예금액이 357억원, 구좌 수 3317건, 방문 고객 수 1만 7천 명에 달했다.

그 후 신한은행은 지점을 계속적으로 확장했다. 불과 6개월 사이에 13개 지점을 증설했다. 1983년에는 오사카흥은 본점 내에 신한은행의 오사카 사무소를 마련 '재일' 코리언의 상공인에 본국투자를 위한 상담 자료 수집 등 편의를 도모하고 목표를 향해 한 발 한 발 내딛었다.

게다가 1986년 3월에 오사카지점, 88년 6월에 도쿄지점이 차례로 개설됐다. 본국 진출을 희망하는 '재일' 코리언 상공인은 일본 국내에서 신한은행의 융자 혜택을 받을 수 있을 뿐만 아니라 일부러 한국에 가지 않아도 시장조사나 관계자 알선 등 편의를 받을 수 있게 되었다.

이렇게 신한은행은 동포 주주의 지원에 힘입어 재일동포의 본국투자 의욕을 대출 업무와 관련시킨 것으로 자본금 대출에도 순조로운 성장을 이루어간다. 설립 당초 자본금은 250억원에 지나지 않았지만 80년대로 들어가면서 재일동포에 대한 유상증자를 3천억원까지 이루고 89년에는 염원의 상장上場을 이루어 본국 주주에게 1천300억원 유상증자를 게다가 그들을 합친 4천300억원의 20%에 해당하는 860억원 무상증자를 1990년에 달성했다. 그 결과 납입자본금은 계 5천160억원 자기 자본은 1조 1천500억원으로 팽창한다.

또 총수주액도 설립당시는 1천억원에 지나지 않았지만 68년에 1조원을 돌파, 88년에 2조원 92년 6월에는 6조원을 돌파하고 있었다. 한편 대출 총액도 설립당초의 400억원에서 92년에는 4조원을 돌파, 불과 10년 동안 100배 가까운 신장을 보였다.

영업실적 면에서 더욱 중요한 지표였던 당기순이익도 1990년 992억원, 91년 1천156억원, 92년 1천252억원 이상(신한은행, 1992년 영업보고서)으로 순조로운 신장을 보이고 90년과 91년에도 순이익 부문에서 국내은행 제1위의 영광에 빛나게 되었다.

불안

신한은행이 이 정도로 성장한 것은 무엇 때문일까. 우선 고객 제일주의에 철저한 일본적인 시스템을 도입했다는 것을 들 수 있다.

이희건은 한국의 은행에서 보여지는 '빌려준다'라는 식의 거만한 은행원 자세를 고치며 철저한 고객 서비스를 신한은행의 장점으로 '찾아오는 손님을 기다리는 것이 아니고 고객을 찾아서 방문한다'는 적극적인 영업방식을 은행원들에게 주입시켰다.

또 지금까지 한국의 대형은행의 대출 타깃이었던 대기업 편중 논리를 피하고, 중소기업이나 개인업자와 거래를 활성화시켰다. 신한은행의 대출액 반 이상이 중소기업 쪽이었다는 것은 그 성과를 나타내는 것이라 할 수 있다.

그리고 무엇보다도 신한은행에 한국인 인기가 집중한 것은 대출할 때 지점장이 업자에게 마진을 떼는 것을 일체 금지한 것 때문이었다.

그때까지 한국의 은행에서는 대출금액이 고액인 경우 융자를 인도받은 은행 지점장들이 금리에 마진을 더하는 것은 당연했기 때문에 이러한 신한은행의 공정한 거래가 한국 사람들에게 호감을 산 것은 당연한 것이었다.

신한은행은 오늘날 한국은행이 매년 실시하는 '일반 은행 평가'에서 몇 번이나 최우수 은행으로 선발될 정도로 높은 평가를 받는 은행으로 성장했다.

그러나 불안함이 없는 것만은 아니다. 지금까지 신한은행이 높은 수익을 올렸던 것은 80년대 후반 이후의 3대 경기 영향으로, 한국경제 자체가 양호한 양상을 보이고 불량채권이 거의 없었기 때문이었다. 그렇지만 90년대에 들어서면서 경기 침체가 보이고 김대중정권 아래에서 '재벌 개혁'이 실질화되자 신한은행도 불량채권을 안지 않으면 안 되었다. 또 한국 내 중심적인 도시은행으로 성장한 것 때문에 신한은행에 대한 정부의 개입도 지금 이상으로 엄격해지게 될 것이다.

당초, 재벌동포의 본국 투자를 지원하기 위한 재일동포가 전액 출자하여 만든 은행이었지만 89년에 기업 공개를 하면서부터 모국 주주가 급속히 증가하여 재일동포 출자 비율은 매년 감소하고 있다. 그 배경에는 일본 국내의 거품경제가 붕괴하고, 상품판매 어려움을 겪는 동포 주주 중 일부가 신한은행의 주식을 매각했기 때문에 주가가 하락하는 악순환이 있을 수 있다. 만약 '재일' 주주의 비율이 과반수 선을 밑돈다면 '재일'의 경영진은 퇴진으로 몰릴 위험도 있다.

이 회장으로서는 거점인 일본의 관서흥은興銀을 한시라도 빨리 보통은행으로 전환시켜 신한은행의 주주를 관서은행 산하에 두고 싶어 하는 것이다.

그러나 더욱더 심각한 사실은 교포 은행에 대해 '재일'코리언 2세·3세 경영자의 관심이 희박해져 간다는 것이다. 애국심이 강하고 우리말(모국어)에 능숙한 1세 동포들은 본국투자에 대한 꿈을 추구하는 것으로 교포은행의 존재는 조국에 대한 자신들의 거

점이었다. 그러나 애국심도 희박하고 우리말도 잘할 수 없는 2세 ·
3세 경영자가 장래 본국투자에 얼마나 관심을 보일 것인가. 이렇게
보면 1세가 가진 신한은행 주식이 2세 · 3세 경영자에게 계승되면
서 동포 주주의 방파제는 커다란 시련을 맞이하게 될 것이다.

'재일'의 숙명

이상은 개략적이기는 했지만 본국 투자에 목숨을 건 '재일'코
리언 1세의 라이프 스토리를 살펴보았다. 그들에게 공통적인 것은
일단 일본사회에서 경제적으로 성공을 거두면 본국투자에 열성을
보인다는 것과 본국 사회에서 인정받으려고 하는 것들이었다.

조국에서 활약할 때 사카모토 에이이치坂本榮一는 서갑호徐甲虎
로, 시게미쓰 다케오重光武雄는 신격호辛格浩로, 히라타 요시오平田義夫
는 이희건李熙健으로 각각 변신하는 것으로 '일본인' 가면을 벗어
던지고 열심히 본국 사람들에게 인정받으려 노력했다.

하지만 조국은 그들을 결코 흔쾌히 받아들여준 것은 아니다.
조국의 경제 인들은 '재일' 코리언의 자금 환류換流를 환영하면서
도 그들 배후의 일본 자본 냄새를 탐지, 때로는 매도하는 일도 있
었다.

조국에 자본을 투자하고 한일 브릿지 경영에 도전한 '재일' 코
리언의 숫자를 전부 열거할 수는 없다. 하지만 그 대부분은 조국의
벽에 부딪히기도 하고 사업가로서 좌절한 사람도 있다. 그들이 본
국투자에 실패한 것에는 몇 가지 이유를 생각할 수 있다.

일본과 한국의 경영 환경 차이와 일본인과 한국인의 비즈니스 감각의 근본적인 차이점, 한국인 노동자와 일본인 노동자의 노동 의식 차이 등 두 나라는 여러 가지 벽이 존재한다는 것이다.

　　내가 만난 '재일' 한국인 사업가 중에는 한국에서 상담을 할 때 '자신이 한국인이 아니라는 것을 뼈저리게 느꼈다' 라고 말하는 사람도 적지 않았다. 자신도 모르는 사이에 일본적 경영 감각을 몸에 익힌 '재일' 한국인이 본국의 격식에 당황함을 느낄 때 자신이 '재일' 한국인이구나라는 것을 통감한다는 것이다.

　　그들이 조국에서 성공을 꿈꿀 때 가장 심각한 벽은 일본사회에 동화해 버린 자신을 이질적인 본국 사회에 적응시키는 것인지도 모른다. 일본사회에서 차별을 극복하고 조국에 금의환향 하려고 했던 그들이 조국에 돌아가서도 역시 '한국인의 가면을 쓴 일본인' 으로 취급받는 것이 '재일 한국인' 의 숙명인 것이다. 이 슬픈 운명을 극복하는 자만이 '한 · 일 브릿지 경영' 의 성공자가 될지도 모른다.

제2부 '재일'을 생각한다

제5장

동화와 이화 사이에서
—'재일' 코리언의 현재

'재일' 한국인 젊은이들

1 동화同化라는 말들

모두 일본인이 되어버린다.

제1부에서는 '재일' 코리언 1세·2세·3세를 대표할 수 있는 인물들의 라이프 히스토리를 점검하고, 각각 세대의 공통적인 민족적 갈등을 부상시키면서 그들이 살았던 모습을 더듬어 보았다. 제2부에서는 '재일' 코리언의 삶의 방법을 의식조사와 민족운동·사상 등 여러 각도에서 검토해 보기로 한다.

'재일' 코리언들 사이에서는 일찍부터 새로운 세대(2세 이후의 조국을 모르는 세대)의 일본사회로의 '동화'가 진행되고 있다고 말해져 왔다. 특히 구세대의 '재일'코리언 지식인들은 이러한 현상을 우려해서, 이 상태로는 '재일'코리언 전부가 일본인이 되어버리는 것이 아닌가하고 한탄하는 사람도 있다.

예를 들면 평론가 김일면金一勉은 지금으로부터 20여 년 이전에 '동화경향의 재일 2세·3세들'이라는 논고를 발표하며 조국을 모르는 '재일'코리언의 실정을 다음과 같이 전하고 있다.

근년에 들어와 '재일'조선인 사회에서는 '민족의식이 풍화風化하고 있다'라고 자주 입에 오르내린다. 젊은 세대의 대부분이 일본에서 태어나고 성장하여 그들 대부분이 모국어를 이해하지 못한 채 일본어를 사용하고, 일본 환경의 영향을 받아 그것에 흡수되어서 생활하고 있다. 따라서 그들에게 있어서 조국의 국어(한글)를 외국어처럼 느끼고 그것과는 반대로 외국어인 일본어를 모국어처럼 활용하고 있는 아이러니컬한 현상을 보이고 있다. 이것을 '동화' 또는 '동화경향'이라고 칭한다. 이처럼 '동화' 또는 '동화경향'은 말할 것도 없이 자신의 '민족이별', '조국이별'을 의미한다. (중략) 어떠한 상황에 있더라도 '재일 조선인'의 범주에는 민족지향형과 동화지향형의 두 개의 경향이 있는 것으로 생각되어진다. 이 두 개의 형태는 객관적 정세에 의해 항상 흔들리고 있다. 조국 해방 후 벌써 30년이 지난 지금은 '재일' 2세·3세의 '동화경향' 형型이 증가하고 있는 것은 확실하다.

김일면은 '재일'코리언 2세·3세의 '민족이별', '조국이별'

을 '동화' 또는 '동화경향'이라는 말로 표현하고, 그 구체적인 예로서 2세·3세의 '일본인과의 결혼', '일본명 사용', '일본으로의 귀화' 등의 증가를 들고 있다.

또한 작가 김찬정金贊汀은 이러한 '재일' 코리언의 새로운 세대의 '동화'에 대해 다음과 같이 서술하고 있다.

조국을 모르는 세대의 대부분은 자신들을 둘러싼 일본사회의 압도적인 영향 아래서 부모나 조부모祖父母처럼 민족이나 공동체에 대한 귀속의식을 갖지 못하고 민족이나 역사나 문화에 대한 감정이 하루하루 희박해지고 있다. 조선어를 말할 줄 모르고 조선의 역사나 문화를 모르는 그들은 조선인으로서의 자기의식을 지탱하는 기반 그 자체를 상실하고 있다.

김찬정도 역시 '조선인으로서의 자기의식을 지탱하는 기반'으로 본명이나 모국어, 혹은 귀속의식이나 역사의식 상실이 조국을 모르는 '재일', 즉 새로운 세대의 '동화'의 출현이라고 말한다. 이러한 담론은 많은 '재일' 지식인들에게도 자주 지적되어 왔는데, 실제는 어떠한지 살펴보기로 하자.

선행연구의 문제점

유감스럽게도 이러한 논의의 대부분은 실증적인 데이터를 근거로 한 것이 아니고, 문자가 표현하는 것에 불과한 한계성을 가진

것에 위화감을 느낀다. 물론 '재일' 코리언의 민족단체나 민족조직
이 젊은 세대의 '민족이별'을 막기 위해 '재일코리언 신세대의 동
화' 설說을 민족운동의 중심 틀로 부르짖어 왔던 것도 이해할 수 있
다. 그것은 그것으로서 부정할 수는 없는 것이기도 하다.

문제는 '재일' 코리언 신세대의 삶의 방법을 데이터를 근거로
한 실증적 연구가 지금까지 거의 존재하지 않았다는 것이다.

예를 들면, 김일면의 연구에도 '통계 숫자로 본 동화 경향傾向'
이라는 논문이 수록되어 있다. 이 논문에는 다음과 같은 기술을 볼
수 있다.

현재의 '재일' 조선인의 65.7%가 일본 출생자이지만, 그 대부분
(약 36만)은 전후戰後 출생자다. 즉 조선인의 4명 중 3명은 일본 출생
자이고, 그 3분의 2는 전후출생자이다. 그들 대다수는 일본 학교에서
교육을 받고 있고, 게다가 일본인과 결혼한 자가 상당수에 달하고 있
다. 그들의 결혼 경향을 보면, 1973년 조선인 결혼숫자의 7천450쌍
중에서 3천576쌍이 어느 한 쪽의 배우자는 일본인이었다. '재일' 조
선인의 연간 출생아동 숫자는 약 1만 2천 명인데, 그 중 20~30%는
일본인이 어머니인 혼혈아다. 향후 일본인과의 결혼 비율은 반수를
점유할 것으로 예상하고 있다. 더욱이 매년 약 5천명이 일본에 귀화
하고 있고, 이미 귀화한자의 총 숫자는 8만 153명에 달하고 있으며,
신청자를 포함하면 9만 명 정도라고 추정하고 있다. 이와 같이 혈연
적, 지연적이라는 두 측면에서 '재일' 2세 · 3세의 동화 경향은 현저

하게 빠른 속도로 진행될 것으로 보여진다.

이 논문은 결혼경향과 귀화의 두 가지 측면에서 70년대 전반
기의 '재일'코리언의 추이를 분석한 다음, '재일'코리언 2세 · 3세
가 동화경향이 빨라지고 있다고 결론짓고 있다. 그러나 '재일'코
리언의 세대간(1세와 2세 · 3세) 비교 연구가 빠졌기 때문에, 정말로
2세 · 3세가 1세에 비해 '일본인과의 결혼비율이 높은가', 또는
'귀화의 비율이 높은 것인가' 하는 점은 불분명하다.

'재일'코리언 2세 · 3세가 동화경향을 강하게 띠고 있는지 어
떤지를 알기 위해서는 국제결혼이나 귀화, 일본명名 사용 등 '재
일'코리언의 세대별 동향을 비교할 필요가 있을 것이다.

물론 지금까지도 '재일'코리언의 동향을 설문 조사에 의한 데
이터를 채집하여 실증적으로 분석하려고 했던 야심적 연구가 없
었던 것은 아니다. 1989년 가나가와현神奈川縣에서 실시된 현縣내
거주 중인 외국인에 대한 실태조사, 그리고 1989년에 오사카大阪,
도요나카豊中, 아마가사키尼崎, 이타미伊丹 등 4개시에서 실시한 '재
일'한국 · 조선인의 민족교육 의식에 관한 조사, 1993년에 효고현
兵庫縣에서 실시한 '재일'한국 · 조선인 아동 및 보호자의 의식 조
사, 1993년에 '재일'한국 청년회가 실시한 일본 출생의 국적을 가
진 18세에서 30세의 '재일'한국인 청년의 생활과 의식 조사 등 80
년대에 들어와서 '재일'코리언을 대상으로 한 실태조사가 조금씩
행해지게 되었다.

그러나 이러한 실태조사의 대부분은 '재일'코리언의 동향을 총괄적으로 분석한다든지 혹은 특정세대('재일'한국·조선인아동, '재일'한국인청년, '재일'한국·조선인부모)에 초점을 맞추어 분석하는 등, 세대간 차이를 명확히 하는 것은 아니었다고 말할 수 있다.

2 데이터가 말하는 '재일' 젊은이들의 얼굴

외국인시민 설문의 실시

법무성이 공표하고 있는 '재일외국인 통계' 유형으로는 세대별의 데이터를 추출하기 어렵고 또 '재일'코리언의 특정한 단체가 행한 조사는 한국 국적 혹은 조선 국적의 어느 한쪽을 표본대상으로 하기 때문에 '표본대상의 결핍'이라는 한정된 조사로 끝나버린다.

만약, 한국·조선 국적 코리언의 세대별 동향을 파악하려고 한다면 행정기관의 협력을 얻어 어느 정도 집단적인 지역의 '재일'코리언을 대상으로 대규모적인 설문조사를 실시할 필요가 있을 것이다.

필자가 이러한 생각을 하고 있을 즈음에 '재일외국인 교육 기본방침' 책정에 참가했던 I시 평화시책 담당자가 연구실을 방문했다. 그리고 그 시에서 이번에 '외국인시민 설문조사'를 실시할 예정인데, 조사위원회의 위원장을 맡아 달라는 의뢰를 받았다. 나로서는 더할 나위 없는 기회였다.

나는 설문 조사에 '민족의식에 관한 항목'을 넣을 것과 통계 전문가를 조사위원회에 참가시키도록 하는 조건 아래, 그 위원회의 위원장 취임을 받아들였다.

이러한 경위로 실현된 I시에서의 '외국인시민 설문조사' 개요를 이하, 간단히 소개하기로 한다.

조사지역은 I시 전역이었다. 조사대상은 '재일' 코리언을 포함해 I시에 외국인등록을 한 18세 이상의 외국인으로 표본 수는 조사대상자의 성별, 연령별 구성비를 기초로 전 세대에서 각 한 명을 추출하자 1천822명이 되었다. 이 중에서 한국·조선국적의 '재일' 코리언은 1천326명으로, 전체의 73%를 차지했다.

조사방법은 국적에 따라서 일본어와 함께 한글, 중국어, 영어, 포르투갈어, 스페인어 중에서 하나를 동봉, 우편발송에 의한 배부와 회수 형식을 취했다. 조사 실시기간은 1998년 11월 9일에서 25일, 즉 17일간이었다. 1천822명 조사대상자에게서 회수된 조사표는 442명이었다. 즉 회수율은 24.3%였다. 그 중에서 한국·조선국적은 308명으로 회수율은 23.2%였다. 한국·조선 국적의 회답자의 연령도 거의 1세에 해당하는 60세 이상이 22.1%, 2세가 대부분을 차지하는 30세~59세가 50.0%, 3세·4세가 주류인 29세 이하가 27.9%를 차지하고 있다(그림1). 또 그들이 태어난 나라를 보면, 50세 이하 대부분은 일본출생이지만, 60세 이상은 일본출생자가 48.5%, 한국·조선출생이 48.5%로 동등한 비율을 보인다.(표1)

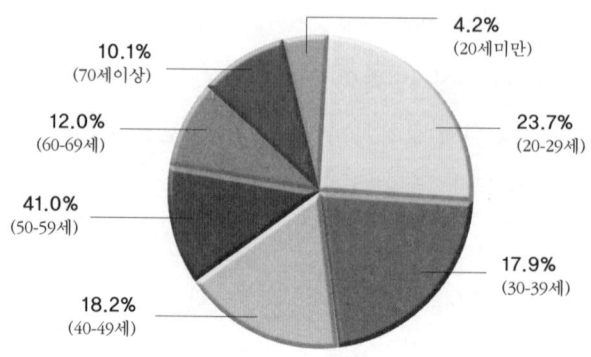

그림1 Ｉ 시市의 재일 코리언(한국·조선국적)
회답자의 연령구성(소수점 둘째자리를 사사오입, 이하 동)

	29세 이하	30대	40대	50대	60세 이상
일본	94.2%	94.5%	94.6%	97.7%	48.5%
국적과 동일	3.5%	3.7%	3.6%	—	48.5%
무회답	2.3%	1.8%	1.8%	2.3%	2.9%

표1 재일 코리언(한국·조선국적)의 출생 나라

국제결혼에 긍정적인 젊은이들

그러면 이러한 조사에서 얻은 데이터를 기초로 '재일'코리언 신세대의 동향을 구세대와 비교하면서 고찰해 보기로 하자. 우선 표2에서 '재일'코리언의 혼인 경향을 세대별로 고찰하면, 1세가 대부분인 60세 이상으로는 같은 민족끼리의 결혼이 66.2%이고, 일본인과의 결혼이 8.8%로, 같은 민족과의 결혼비율이 압도적으로 높다.

	29세 이하	30대	40대	50대	60세 이상
미혼	57.0%	16.4%	17.9%	2.3%	5.9%
동족결혼 (같은 국적인자와 결혼)	11.6%	25.5%	28.6%	60.5%	66.2%
일본인과 결혼	27.9%	58.2%	44.6%	25.6%	8.8%
그외	3.5%	—	7.1%	7.0%	17.6%
무회답	—	—	1.8%	4.7%	1.5%

표2 재일 코리언의 세대별 혼인경향

이러한 경향은, 연령층이 낮아짐에 따라 40세 이하로는 반대로, 일본인과 결혼한 비율이 동족同族결혼을 웃돌고 있다. 특히, 30대에는 일본인과의 결혼비율이 58.2%를 차지하고 있어 동족결혼은 전체의 25.5%를 차지하는 것에 지나지 않았다. 20대는 미혼자가 많아 그 경향에 대해 판단하기 어려우나, 앞에서 참고한 30세이하의 '재일' 코리언 청년을 대상으로 했던 조사에서, 미혼자의 65%가 국제결혼에 긍정적이었던 것을 고려하면 이러한 추세는 더 계속될 것으로 생각된다.

이와 같이 숫자를 참고하면 신세대로 갈수록 국제결혼이 증가경향에 있다고 하는 말들은 어느 정도 타당성을 갖고 있다고 말할 수 있을 것이다.

민족으로의 회귀回歸 현상

그러면 국적은 어떠할까. '국적에 대해' 묻는 표3을 보면, 50

대 이상은 '모국母國국적으로'가 '일본국적을 취득하고 싶다'를 능가하고 있다. 60대에서 30대까지는 확실히 연령층이 내려감에 따라서 '지금 이후로도 모국국적으로 머물고 싶다'라는 비율이 하강하고, '일본국적을 취득하고 싶다'의 비율은 상승하고 있다.

그러나 3세·4세가 대부분인 20대를 보면, 30대보다 '모국국적으로 머물고 싶다'라는 비율이 약 10% 상승한 40.7%이고, '일본국적을 취득하고 싶다'는 42.6%로 거의 같은 비율임을 알 수 있다.

이러한 '재일' 3세·4세의 모국국적에 대한 의식변화는 지금까지처럼 신세대가 되면 될수록 '일본국적을 취득의욕이 높아진다'라고 하는 말을 다시 생각하게 한다.

이름에 관해서는 표4를 참고해 보면 흥미로운 사실을 발견할 수 있다. 1세의 대부분을 차지하는 60세 이상을 빼면 여전히 일본명 사용자가 많다고는 하지만, 50대에서 29세 이하까지의 연령층이 하강함에 따라, 즉 세대가 젊어짐에 따라 민족명 사용자('항상 민족명을 씀' + '민족명이 많다') 비율이 서서히 상승하고 있음을 알 수 있다.

2세가 대부분을 차지하는 50대나 40대에서는 민족명 사용자는 약 7%이지만, 2세에서 3세의 과도기에 해당하는 30대가 되면 그 비율은 약 16.0%, 3세·4세에 돌입한 20대가 되면 그 비율은 21.0%까지 상승한다.

이러한 숫자는 '신세대가 되면 될수록 일본명을 사용하는 경

	29세 이하	30대	40대	50대	60세 이상
앞으로도 모국국적으로 있고 싶다	40.7%	30.2%	46.3%	55.8%	69.2%
장래는 일본국적을 취득하고 싶다	42.0%	52.8%	48.1%	32.6%	23.1%
그 외	4.9%	3.8%	1.9%	—	—
잘 모르겠다	12.3%	13.2%	3.7%	11.6%	7.7%
무회답	—	—	—	—	—

표3 세대별로 본 재일 코리언의 국적에 관한 견해

	29세 이하	30대	40대	50대	60세 이상
항상 민족명을 사용하고 있다	7.0%	5.5%	5.4%	4.7%	13.2%
민족명이 많지만, 일본명을 쓸 때도 있다	14.0%	10.9%	1.8%	2.3%	19.1%
일본명이 많지만, 민족명을 쓸 때도 있다	23.3%	18.2%	30.4%	46.5%	20.6%
거의 일본명을 사용하고 있다	55.8%	63.6%	60.7%	44.2%	44.1%
무회답	—	1.8%	1.8%	2.3%	2.9%

표4 세대별로 본 재일 코리언의 국적에 관한 견해

향'은 오류이고, 오히려 민족명 사용 이라는 면에서 국한해 보면, 신세대가 되면 될수록 반대로 '민족 회귀' 현상이 일어나고 있다고 말할 수 있을 것이다.

그렇다고는 하지만, 29세 이하의 3세·4세의 연령층이라도 일본명을 사용하고 있는 자('거의 일본명을 쓰고 있다' + '일본명이 많다')가 많은 것에는 변화는 없다. 그렇다면 그들이 민족명이 아니고, 일본명을 사용하는 이유는 왜일까?

'일본명을 쓰는 이유'에 대해 물은 표5에 의하면, 신세대가 됨에 따라, '차별로부터의 회피'를 이유로 하는 자는 많지 않고 '태어날 때부터 사용하고 있었으니까' 라는 이유가 많음을 알 수 있다.

이러한 데이터는 '재일' 코리언 신세대의 일본명 사용이 '차별로부터의 탈피' 때문이 아니고, '익숙한 이름' 때문이라고 하는 인식을 강하게 한다.

이것은 즉 신세대가 민족명을 태어날 때부터 사용했다면 그 이름을 쓰는 것에 대한 어떤 저항감도 없어질 수 있다는 가능성을 제시한다.

마지막으로 표6에서 동화라는 말의 유력한 근거가 된 모국어에 대한 이해도를 보기로 하자. 확실히 30대 이상의 연령층을 보면, 연대가 내려가면 내려갈수록, '모국어를 말하지 못한다' 라고 대답한 자가 증가하고 있다. 그러나 반대로 '모국어를 말할 수 있다' 라고 대답한 비율은 50대 보다 40대가, 또 30대 보다 29세 이하 세대 쪽이 높은 수치를 보이고 있음을 알 수 있다.

가령 50대를 2세 최초의 세대, 30대를 2세에서 3세로 이행기移行期세대, 29세 이하를 3세 · 4세 세대라고 한다면, 세대가 내려가면 내려갈수록 '모국어를 잘할 수 있다' 라고 대답한 층이 확대되고 있다는 것은 주목할만하다.(9.3%→16.4%→22.1%)

특히 50대와 29세 이하 세대를 비교하면, '모국어를 말할 수 있다' 와 '어느 정도 할 수 있다' 수치가 거의 교체되고, 50대의 2세보다는 29세 이하 3세 · 4세 쪽이 '할 수 있다' 라고 대답한 자가 두꺼운 층을 이루고 있다.

물론 개인에 따라서 '모국어를 말할 수 있다' 라는 인식에 대

	29세 이하	30대	40대	50대	60세 이상
태어날 때부터 사용하고 있었기 때문에	72.5%	58.8%	67.3%	52.5%	38.6%
결혼 후 일본명을 사용하게 되었다	3.8%	9.8%	5.8%	—	10.5%
민족명을 사용하면, 차별을 받을 것이라 생각하기 때문에	6.3%	15.7%	9.6%	10.0%	12.3%
민족명을 사용해 차별을 받은 경험이 있었기 때문에	2.5%	7.8%	7.7%	15.0%	14.0%
그외	3.8%	—	—	2.5%	3.5%
특별히 이유는 없다	10.0%	3.9%	7.7%	7.5%	14.0%
무회답	1.3%	3.9%	1.9%	12.5%	7.0%

표5 재일 코리언이 일본 명을 쓰는 이유

	29세 이하	30대	40대	50대	60세 이상
이해할 수 있다	22.1%	16.4%	19.6%	9.3%	35.3%
대개 이해한다	9.3%	10.9%	26.8%	23.3%	17.6%
그다지 알지 못한다	18.6%	16.4%	21.4%	39.5%	26.5%
모른다	50.0%	56.4%	30.4%	25.6%	16.2%
무회답	—	—	1.8%	2.3%	4.4%

표6 재일 코리언의 모국어(한글)에 대한 이해도

해 레벨 차이는 있을 수 있지만, 이러한 데이터는 '신세대이면 신세대일수록 모국어를 사용하지 않는 자가 많다' 라고 하는 지금까지의 표현들이 반드시 현실을 반영하는 것은 아니라는 것을 시사한다.

3 '재일' 젊은이들의 새로운 삶

더 이상 '동화' 될 것이 없다

이상과 같이 데이터에서 살펴보면 '재일' 신세대의 동향動向을 '동화'라는 말로 묶기에는 어렵다는 것을 알 수 있을 것이다. 원래 '동화'라는 것은 1세처럼 처음부터 조선인으로서 민족적 속성을 갖춘 사람들이 조금씩 그 속성을 잃고 '일본인화' 되어 가는 것을 의미하고 있다.

도쿄대학의 야마노우치 마사유키山內昌之는 동화현상을 '이민이 보유하고 있던 자국의 문화나 습관을 포기하고 이민한 나라의 문화나 습관을 받아들여 다른 존재가 되는 것'이라고 정의하고 있다. 이 정의에 의하면 국적 항목을 제외하고, 처음부터 일본인과 거의 변함없는 3세와 4세가 일본인에 '동화'한다고 하는 것은 꽤 기묘한 표현이 아닐 수 없다.

역설적으로 말하면 태어날 때부터 일본인과 다름없는 환경 속에서 자란 그들에게는 코리언으로서 '민족적 속성을 획득할 기회는 있을 수 있지만 그러한 민족적 귀속성을 상실할 길은 거의 보이지 않는다'라고 말할 수 있다.

다시 말하자면 그들은 성장 과정에서 민족에 눈뜨고, 모국어를 학습하기도 하면서 민족문화를 접하면서 코리언으로서 민족적 특성을 획득해 가는 것은 있을 수 있어도 그 이상 '동화' = '일본인화'라고 할만한 것이 없다는 것이 현실인 것이다.

국적 이외에는 일본인과 다름없는 그들은 '동화'의 전제가 되는 민족적 소양이 처음부터 몸에 배어 있지 않기 때문이다.

신세대의 새로운 삶의 방식을 어떻게 이해해야 하는가

그러면 이러한 '재일' 신세대들의 삶의 방식을 어떻게 이해해야 할까. '재일' 코리언 신세대의 의견을 통해서, 그들의 아이덴티티를 연구해 온 후쿠오카 야스노리福岡安側는 그들의 삶의 방식을 '공동지향', '조국지향', '개인지향', '귀화지향'의 4개의 유형으로 분류하고 있다.

후쿠오카 야스노리가 조사에서 추출한 4종류의 삶의 방식이란 다음과 같은 것이다. 우선 첫번째 '공생지향'이라는 것은 민족적 출생을 다르게 하는 자들끼리 그 차이를 이해한 후에 민족차별 극복을 통해 '함께 살아간다'는 사회를 실현하려고 하는 삶의 방식이다. 두번째인 '조국지향'이란 것은 조국에 강한 애착을 가지고 민족학교에서 조국의 말이나 문화를 배우고, 어떠한 형태로든 조국 발전에 기여하고 싶어 하는 삶의 방식이다. 세번째 '개인 지향'이란 것은 민족이나 국적을 문제 삼지 않고 자신의 능력을 발휘해서 사회적으로 인정받고 싶어 하는 삶의 방식이다. 마지막으로 '귀화지향'이란 것은 일본인과 똑같이 되기 위해 귀화를 선택하는 삶의 방식이다.

후쿠오카는 '재일' 코리언 신세대들의 삶의 방법에 대해 그 외에도 '동포지향', '갈등회피형', '갈등형' 등 여러 가지 타입이 있다고 밝히고, 그들의 삶의 방법이 구세대에 비해서 다양화 되어가고 있다고 강조하고 있다. 필자는 '재일' 코리언 신세대가 다양화 되어가고 있다는 것에는 찬성하지만, 그들의 삶의 방법을 위에서와 같이 4개에서 7개의 타입으로 분류하고, 유형화類型化하는 것에는 저항감이 생긴다. 이러한 분류는 '재일' 코리언의 삶의 방법을 단순화시킴과 동시에 그들의 삶의 방법이나 아이덴티티 변용을 상실케 할 위험성이 있기 때문이다.

예를 들면, '재일조총련계 코리언'의 아이덴티티를 분석한 소니아Sonia는 그들의 아이덴티티가 세대교체가 이루어짐에 따라 크게 변화하고 있다는 것을 지적하고 있다. 소니아의 '세대교체론'이란 다음과 같은 것이다.

조국에서 이민으로서 이주한 1세들은 '디아스포라'로서, 일본에서 차별과 박해를 받음으로써, 반대로 조국을 강하게 인식하고, 코리언으로서의 '집합적 아이덴티티'를 형성했다. 한편 조국을 모르는 2세들은, 조총련이라는 조직 속에서 자기의 아이덴티티를 북한의 '해외공민'이라는 정치적 담론에 자리매김을 하는 것으로 1세가 만들어 놓은 '집합적 아이덴티티' 속박에 얽매여 온 것이 된다. 그러나 이와 같은 '국민=민족', '국가=조직'이라는 논리에서 해방된 3세들은, 집합적 아이덴티티보다는 개인적 아이덴티티를 중시하게 된다. 말하자면 '포스트 디아스포라' 시대를 사는 것이 된다.

후쿠오카가 '조국지향' 모델로서 택한 '조총련계 코리언'의 삶의 방식도 소니아가 말하는 것처럼 크게 변화하고 있다.

또 '재일'코리언의 신세대 삶의 방식에는 '조국지향'인가 아니면 '귀화지향'인가, 혹은 '민족지향인가' 그렇지 않으면 '동화지향'인가 라는 선택 안에서 부각시키는 것은 단순하지 않다.

그들 중에는 일본국적을 취했어도 민족명을 쓰고 민족적으로 사는 것을 선택하는 자가 있고, 일본인과 결혼해서 생긴 아이에게 두 루트를 소중하게 하기 위해 더블 네임을 붙이는 '재일'코리언도 있기 때문이다.

그들 중에는 일본사회의 '동화'의 소용돌이 속에서도 어떻게든 민족 심벌에 관계하면서 사는 사람들도 적지 않다. 그것은 어떤 사람에게 있어서는 귀속의식일지도 모르고, 또 어떤 사람에게 있어서는 모국어일지도 모른다. 말하자면, 신세대의 경우를 보면 국적은 일본 국적을 취해도 이름은 '민족명'을 지향하는 자도 있고, 한편으로는 일본명을 쓰지만 언어나 문화는 '민족'을 지향하는 자가 적지 않다는 것이다. 실제 그들 삶의 방법에는 '공동 지향'과 '조국 지향' 혹은 '개인 지향'과 '귀화 지향' 등, 복수의 지향성이 복잡하게 얽혀서 공존하고 있는 것이 그다지 특이한 일이 아니게 되었다.또한 그들이 살아가는 과정에서 '조국지향'이 그다지 특이한 일이 아니게 되었다. '귀화 지향'으로 전향하는 경우도 있을 것이다.

'재일'코리언의 신세대는 오히려 동화와 이화異化, 혹은 '재일'과 조국 사이에서 동요하는 가변적인 존재로서 이해해야 할 필

요가 있다. 이 점에 대해서는 앞의 후쿠오카 야스노리福岡安側와 쓰지야마 유키코辻山ゆき子는 '재일 젊은이들이 자아에 눈떴을 때는 이미 자기 자신 안에 동화된 자기와 이화된 자기라는 양兩 요소를 안고, 동화 지향과 이화 지향 사이에서 동요하면서 나름대로 아이덴티티를 모색하고 있는 것이 아닐까'라고 말하고 있다.

일본문화에도 한국 문화에도 속하지 않는 국경을 초월한 '디아스포라'라고 할 수 있는 그들의 가변성이야말로 우리들은 일본인도 전통적인 코리언도 아닌 독자의 민족 그룹으로서 '재일' 코리언의 새로운 삶의 방법을 읽을 수 있는 것이 아닐까.

제6장

차이와 평등의 딜레마

—'재일' 코리언의 전후 50년

지문날인을 거부한 한종석韓宗碩씨

1 대한민국거류민단과 조총련의 탄생

조국의 분단이라는 현실

1945년 8월 15일, '재일' 코리언은 이 날을 광복절이라고 부른
다. 그로부터 50여년, '자신들의 홈그라운드는 어디까지나 한반도
이며, 일본에서의 생활은 일시적인 것이고 언젠가는 고향에 돌아
간다'라고 인식해왔던 1세는 크게 감소하였다. 반대로 일본에서
태어나서 자라고, 일본에 생활기반을 둔 2세, 3세, 4세가 '재일' 코
리언 대부분을 차지하게 되었다.

그들은 일본사회의 구성원으로서 납세의 의무를 지는 한편,

일본사회 참가에 대한 권리를 요구하는 사회운동을 계속해 왔다. 그 운동은 민족교육 등 '재일' 코리언의 민족 자결권을 요구하는 투쟁에서 일본인과 평등한 정치참여를 요구하는 참정권 운동으로 발전해 왔다.

이렇게 반세기에 걸친 '재일' 코리언 사회 운동 속에는 각 시대를 규정하는 그들 삶의 방법이 반영되어 있다고 생각되어진다. 그렇다면, 그 50여 년 동안의 그들의 운동이 어떻게 변화하고, 일본사회에는 어떤 영향을 끼쳐왔던 것일까.

여기서는 전후 50년을 장식한 '재일' 코리언에 의한 주요한 사회운동측면을 통해 그들의 삶의 방법적 특질을 짚어봄과 동시에 이러한 운동이 일본사회에 가져왔던 변화에 대해서도 고찰해 보기로 한다.

1945년 8월, '재일' 코리언은 일본의 식민지 지배에서 겨우 해방되었지만 이번에는 미·소 대립을 배경으로 하는 냉전체제 소용돌이에 휘말려 조국 분단이라는 현실을 맞이하게 된다. 미군 점령하의 한반도 남쪽에서는 반공을 내걸고 이승만을 대통령으로 하는 한국정부가 수립되고, 한편 소련 점령하의 북쪽에서는 김일성을 주석으로 하는 조선민주주의 인민공화국(이하 북한)이 성립되었다

한반도 분단이라는 조국의 정세에 연동連動, '재일' 사회는 필연적으로 한국을 지지하는 그룹과 북한을 지지하는 그룹으로 분열하게 되었다.

1945년 10월, 김일성을 지지하는 그룹은 옥중에서 석방된 민족주의자와 공산주의자가 중심이 되어, '재일 조선인 연맹'(이하 조련朝連)을 결성하였다. 이 조련은 민족교육을 가장 중요한 과제로 내걸고 '재일' 코리언의 권익옹호 운동을 개시하였다.

조련은 민족학교의 운영 이외에도 생활협동조합이나 신용협동조합을 계속해서 결성하며, 일본전국에 세력을 확대해 나갔다. 그러나 GHQ의 점령정책이 일본에 있어서 공산세력의 탄압에 치우쳐 있었고, 그와 동조하여 일본정부도 조련산하의 민족학교 탄압을 시작했다.

1948년 4월, 조선학교를 폐지하려는 경찰부대와 민족교육을 사수하려는 '재일' 코리언의 데모대가 충돌하고 많은 조련계 활동가가 체포되고, '재일' 코리언 고교생이 경찰에 사살되는 한신阪神 교육사건이 발생하게 된다.

1949년, 일본정부는 단체 규제령規制令을 공포하고 이를 조련에 적용 해산을 강요하였다. 해산된 조련은 50년대에 들어와서 '재일조선인민 민족전선'(이하 민전民戰)을 결성하였다. 그 후 민전은 '재일조선인 해방은 일본의 해방(미 군정 아래에서의 해방) 없이는 달성할 수 없다'라는 슬로건을 내걸고, 일본공산당내 전선부대로 전후 일본사회 혁명운동의 일익을 담당하게 되었다.

그렇지만 북한 정부는 1945년 8월 '재일' 조선인은 우리나라 해외공민이라는 성명을 내걸고, '재일' 코리언 운동에 대해 일본공산당의 지도를 거부하였다. 이 성명을 받아들여 민전은 55년, '일본의 내정 불간섭'을 결정하고, 노선을 변경하여 '조국의 평화통일을 위하여 헌신하자', '재일'동포의 모든 민족 권익을 옹호한다'라는 슬로건을 내걸고 '재일조선인총연합회'(이하 조총련朝總聯)를 발족하게 되었다.

한편, 이승만을 지지하는 그룹은 같은 해, 11월 우익을 중심으로 '조선건국촉진청년연맹'(이하 건청建青)을 결성, 그 다음해 46년 2월에 건청을 모체로 박열朴烈을 위원장으로 하는 '신조선 건국연맹'(동년 10월 '재일조선거류민단'으로 개칭)이 만들어졌다. 그리고 48년 9월, 한국정부설립과 동시에 '한국의 국시國是를 준수하고, 재일동포의 권익 옹호를 기대한다', '재일본 대한민국 한국 거류민단'(이하 민단)이 탄생하였다.

한일회담 반대 투쟁

1965년 겨우 실현된 한일 회담에서는 국교 정상화와 함께 현안 문제였던 '재일'코리언의 법적 지위를 결정하는 회담이 이루어졌다. 그러나 그 법적 지위 교섭에서 결론지은 협정영주권에 대해 '재일'코리언 사이에서 '역사적 경위를 무시한 처우이다'라며 반발하였고, '재일'코리언의 모든 단체에서 한일 양 정부에 대해 반대운동이 일어났다.

조총련은 ① 일본 정부가 독재정권(한국정부)을 상대로 모든 조선인민의 주권이 걸린 조약을 체결하는 것은 부당하다. ② 이 조약은 조선의 평화적 통일을 방해하고 분단을 고정시키려 한다. ③ 이 조약은 '재일' 조선공민의 민족 권리를 침해하고 무권리상태에 두려고 하는 것이라고 비판하며 전면적인 반대운동을 전개하였다. 한편 민단에서는 '한일 회담 전면지지'를 내걸고, 협정체결에 찬성하는 운동을 전개하였다. 이것은 법적 지위협정이 성립하면, 한국국적을 가진 자 만이 협정 영주권을 가질 수 있기 때문에 '재일' 코리언에 대한 민단의 영향력이 강화되는 것을 예견한 행동에 서였다.

그러나 민단지부 단원이나 하부조직의 한국청년동맹 및 한국학생동맹 등 민족단체는 '협정영주권이 거주권을 충분히 보장하는 것은 아니다'라며 항의 데모를 전개하였다. 민단 중앙은 이러한 '재일' 코리언들의 목소리에 귀를 기울이지 않고, 오로지 본국 정부 의향에 따라서 한일회담 타결 촉진 운동을 전개하였다.

이렇게 민단은 점차로 '재일' 코리언 사회의 자치조직으로서의 성격을 잃고, 본국 정권의 꼭두각시 기관이 되었다. 이렇게 대중과 괴리되었던 당시의 민단의 행동은 그 후 조직의 내부 분열을 유발하는 커다란 원인이 되었다.

민족 교육을 요구하며

1965년 12월, 문부성은 조선인학교 처우 및 일본의 공립학교에 '재일' 코리언 (한국 · 조선국적) 아동에 대해, ①조선인학교에 대해서는 학교교육 법 제 1조에 규정하는 '학교의 목적'에 비추어볼 때 그것을 허가할 수 없다. ②조선인으로서의 민족성을 지향하는 것을 목적으로 하는 학교는 우리나라(일본) 사회에 적극적인 의의를 가진다고 볼 수 없기 때문에 그것을 학교로 인가할 수 없다. ③ 일본 공립학교에 입학한 조선인 아이들에 대해서 일본인 아이들과 동등하게 대하거나, 특별대우를 할 수 없다는 내용의 차관 통달을 각 도와 부·현 지사 앞으로 전달하였다.

일본정부는 그 후 이 통달에 입각하여 ① 외국인 학교는 일본의 이익과 안전을 위협하는 것이어서는 안 된다. ② 외국인 학교가 인가 조건에 합치되지 않는 경우, 수업 중지 명령 및 학교 폐쇄령을 내릴 수가 있다. 또는 문교부장관은 수업내용에 대해 보고를 요청해 검사할 수 있다. ③ 외국인 학교는 교장 및 교원 임명과 파면, 교과서, 학칙을 문교부장관에게 신고하지 않으면 안 된다는 것 등을 주요 취지로 하는 외국인 학교 법안을 작성하고, 1968년 3월 국회에 동 법안을 상정하였다.

그러나 민족교육을 거부한 이 법안에 대해 민족단체가 반대운동을 일으켰다. 민단산하 단체인 한국청년동맹은 같은 해 3월 '민족교육 사수, 외국인학교 법안 상정 반대'를 도쿄에서 개최하고, 오사카에서도 4월 한국학생동맹과 공동개최로 '민족학교 사수', '재일' 한국·청년 학생 오사카지구 궐기대회'를 열어, 외국인학교 법안 반대성명을 발표하였다. 결국 외국인학교 법안은 여론을 업은 민족단체 반대운동으로 이를 폐안廢案으로 몰아갔다.

그렇지만 이 법안을 둘러싸고 민단 내부에서는 '조선 대학인가認可저지' 우선론을 내세우는 등 정치색이 강한 민족단체 개입

운동의 약한 면을 보여주었다.

2만 명의 데모

1969년 3월, 일본정부는 출입국 관리 법안을 국회에 상정하였다. 이것은 이전 출입국 관리령을 전면적으로 개정한 것이었다. 그것은 ①법무장관의 필요가 있을 때에는 상륙 허가를 받으려고 하는 외국인에 대해, 그 자가 일본에 체류하는 조건에 지켜야 할 활동의 범위를 정할 수 있다. ②강제퇴거에 해당하는 외국인이 있을 때는 해당외국인 위반 조사를 할 수 있다. ③강제 퇴거 사유에 해당하는 자가 도망 위험이 있을 경우 수용증서 발부를 기다리지 않고, 그 자를 수용할 수 있다는 치안 관리적 내용을 포함한 것이다.

'재일' 외국인 인권을 크게 제약하는 동 법안에 대해 '재일' 코리언 민족단체는 반대운동을 전개하였다. 조총련은 같은 해 3월, '출입국 관리 법안에 대해 민족교육과 귀국 권리를 인정하고 옹호하기 위한 재일조선인 중앙대회'를 열었고, '재일' 대한기독교회도 같은 달, '출입국 관리법안 반대 성명'을 발표했다.

민단도 같은 해 6월, 5천명의 단원을 동원하여 중앙민중집회를 개최하고 출입국 관리 법안에 반대하였다. 오사카에서는 민단 주체로 출입국 관리 법안에 반대하는 2만 명이 참가한 데모가 있었고, 도쿄에서는 '재일 코리언 청년 학생의 출입국관리법안 반대 데모'가 결행되었다.

이러한 민족단체를 중심으로 한 대규모 반대 운동으로 69년에 상정된 출입국관리법안도 폐안에 몰리게 되었다.

위로부터의 조직 운동

한일 조약 반대운동을 시초로 60년대 후반에 '재일'코리언 사이에서 고조된 사회운동은 하나의 공통점이 보였다. 그것은 어떤 운동에도 민단과 조총련이라는 본국과 정치적인 결합이 강한 민족단체를 매개로 한 '위로부터의 조직운동'이었던 것이다.

이러한 운동은 본국 정치권력의 후원을 받은 조직의 상부 층의 명령에 의해 전개한 덕분에 강한 결속력이 있었고, 일본정부에 기여한 정치적 영향력도 컸다고 말할 수 있다. 실제 이러한 '위로부터의 조직운동'은 '재일'코리언 사회를 그들의 관할 아래에 두기 위해 일본정부가 내건 2개 법안(외국인 학교 법안·출입국 관리 법안)을 폐지까지 몰아간 강한 영향력을 가질 수 있었다.

그렇지만 이러한 운동은 좋든 나쁘든 본국 권력 이데올로기 영향 안에 있었기 때문에 '재일'코리언의 단결된 운동을 저해했다는 한계도 부정할 수는 없다.

외국인 학교 법안의 국회 상정에 즈음해서 민단 내부세력에서 '조선 대학인가 저지' 우선론이 동 법안 반대운동에 잠시 제동이 걸린 것은 그 대표적인 예라 할 수 있을 것이다.

이 시기 운동은 어떤 의미에서는 '재일'코리언 한 사람 한 사람의 민족적 이해라기보다는 오히려 조직이나 나라의 이해가 우선되었다고 해도 과언이 아닐 것이다. 그렇다고는 하지만 대다수

'재일'코리언이 굶주림과 빈곤 속에서 내일 생활을 확보하기 위해 민족보다는 살아가는 것을 우선하지 않을 수 없었던 시대적 상황을 생각하면, 이 시기에 민족차별 철폐운동을 추진할 수 없었던 것도 부정할 수는 없는 사실이라고 할 수 있을 것이다.

2 히타치 재판에서 공민권운동으로

일방적인 채용 취소

1970년 일본 대기업이 일으킨 '재일'코리언 청년에 대한 취직 차별을 둘러싼 재판은 그 후, '재일'코리언 운동에 커다란 영향을 끼치게 되었다.

이 재판에서 파생된 운동은 지금까지 민단이나 조총련으로부터 시작했던 기존의 민족단체를 매개로 한 '위로부터의 조직운동'과는 투쟁 방법도 운동 성격도 전혀 다른 양상을 보이게 되었다.

히타치日立 투쟁의 의의에 대해 논하기에 앞서, 이 재판의 발단이 된 이 사건 경위를 조금 언급해 두기로 한다.

박종석朴鐘碩(당시 20세) 씨는 '재일'코리언 2세로 아이치현愛知縣에 태어나, 일본인과 다를 바 없이 일본 공립학교 졸업하고 고향의 중소기업에서 임시근무를 하게 된다. 그리고 그 후, 1970년 신문 광고를 보고 히타치 제작소 채용시험에 응시하였다. 그 당시 그는 대부분의 '재일' 코리언이 그러하듯이 이력서의 성명란에 일본명을 쓰고 본적本籍 난에는 현주소인 아이치현을 기입하였다.

채용시험 결과는 합격이었다. 그런데 그 후 회사 측에서 '재일' 코리언에게는 존재하지 않는 호적등본 제출을 요구하게 된다. 그래서 그는 즉시 회사 측에 '한국국적이기 때문에 호적등본을 뗄 수가 없다'라는 취지의 연락을 했다. 그것을 알게 된 히타치 제작소는 일단 채용을 보류한 채 '일반 외국인은 고용하지 않는다'라는 회답을 보냈다. 박씨에 대해 일방적으로 채용취소를 통보한 것이다. 박씨는 회사를 찾아가 해명을 요구했지만 히타치 측의 애매한 태도는 계속 되었고 결국 박씨는 고소할 결심을 하게 된다. 이 해고解雇가 '일본인이 아니다'라는 것을 이유로 한 부당하기 그지없는 민족 차별인 것을 느꼈기 때문이었다.

이렇게 해서 1970년 12월 8일 요코하마橫浜 지방 재판소에서 일본기업의 '재일' 코리언에 대한 취직차별의 부당성을 묻는 최초의 재판이 발생하게 된 것이다.

자신을 회복하는 길

재판은 그 후 4년에 걸쳐서 계속되었다. 이 동안 원고 측에 많은 증인들이 법정에 나섰다. 그리고 외국인 고용에 폐쇄적인 일본기업 체질을 다시 한 번 부각시켰다. 이로써 일본기업의 민족 차별 의식이 폭로되기도 하였다.

히타치 측에서는 박씨의 채용취소 이유를 '원고가 이력서에 사실을 숨겼다는 것, 즉 허위기재를 했기 때문에 채용에 필요한 즉 회사가 필요로 하는 서류를 제출하지 못했고 결국 채용조건에 불충분한 것으로 판명되었다'(법정진술기록)라고 논하고 '재일' 코리언에 의한 일본명 사용을 '허위기재'라고 간주하고 해고 정당성을 주장하였다.

한편 원고 측은 '압도적인 차별 사회 속에서 '재일' 조선인은 생활 확보를 위해 취직이나 토지 매매에 있어서 스스로의 의지에 반해서라도 '조선명'을 숨기고 '일본명'을 사용하지 않을 수 없다. 이것은 '사실적인 관습'이라고 해도 좋을 정도의 공공연한 사실이다. 따라서 원고가 이름을 '일본명을 쓴 것은 '허위 개념'에는 해당할 수 없고 그것을 허위라고 해서 원고를 해고한 것은 부당하다'(법정 진술 기록)라고 반론했다.

22번의 공판을 거쳐 74년 6월 19일 요코하마横浜 지방 재판소는 '재일한국·조선인의 일본명을 사용했다고 한 것으로는 해고 이유가 되지 않는다'라고 히타치 측 주장을 각하하고 ①해고 무효. ②판결시기까지의 미지불임금 지불. ③위자료 지불 등 원고 측의 청구를 인정했다.

이 사건을 계기로 히타치 제품 보이콧 운동을 두려워한 히타치 측이 공소를 단념한 것으로 박종석 씨는 4년 가까운 시간이 지나서야 겨우 히타치 제작소에 입사할 수가 있었다. 이 기간 동안에 히타치 투쟁을 지원하는 운동의 연대 확산이 있었다.

그러나 그 운동을 지원한 것은 민단이나 조총련 등 기존의 민족단체가 아니고 한·일의 젊은이들이 결성한 시민그룹 ('박군을 위한 모임')과 크리스트교 단체였다. 그들은 4년에 걸친 법정투쟁과 히타치 제작소의 규탄활동을 통해 '재일' 코리언이 처한 사회적 상황 혹독한 취직차별 실태, 일본인의 '재일' 코리언에 대한 멸시관蔑視觀, 게다가 민족 차별이 코리언에 미치는 정신적 고통을 호소하는 등 차별 사회 일본의 삐뚤어짐을 고발하였다. 그것은 '일본인 자신 스스로 사회 모습을 자문하는 투쟁임과 동시에 일본사회의 변형'을 지향한 투쟁이었다.

또 히타치 투쟁 과정은 박종석 씨 자신에게도 '자신을 되찾는 길'이었다. 그는 이 투쟁을 겪으면서 조선인 이름을 되찾고 조선 역사를 배우고 조선 민족의 일원으로 살아간다는 것을 깨닫게 되었다.

그는 이렇게 차별과의 투쟁을 통해 빼앗긴 민족성을 되찾고 조선 민족으로 사는 기쁨을 느낄 수 있었다.

동화에 대한 강한 경계감

그렇다고는 하지만 그 운동에 모든 '재일' 코리언 민족조직단체가 이해하고 지지한 것은 아니다. '재일' 코리언이 일본 대기업에 취직한다고 하는 지금까지의 상식을 뒤엎은 그의 행동에는 '재일' 한국인·조선인 사이에서 많은 비판의 목소리가 있었고 기존 민족단체에서는 강한 경계론이 호소되었다.

그 대부분은 '일본인 대기업에 취직하는 것이 일본사회 '동화'로 연결되는 것이 아닌가'라는 우려를 보인 것이다. '재일'코리언 2세·3세가 일본사회로 '동화'하는 것을 걱정하는 호소이며 '재일'코리언 사회와 민족의 장래를 걱정하는 논이었다.

그것은 '재일'코리언 젊은이들이 평등성을 요구한 나머지 일본인과 차이를 없애고 마침내는 일본인화 되는 것에 대한 '재일' 코리언 1세들의 뿌리 깊은 경계심을 반영인 것이다.

이것은 '재일'코리언 1세에게는 이전에 자신들이 일본 식민지 하에서 창씨개명을 강요당했고 황국 신민화 된(조선인인 것을 포기한) 것으로 일본인과 동등한 권리를 부여받은 쓴 경험이 있기 때문이다. 그런 의미에서 히타치 투쟁은 '재일'코리언에게 '차별을 극복 해 민족과 국적을 초월한 평등한 사회 실현을 지향한다'는 논리와 '재일코리언으로서 민족적 이질성異質性을 유지하며 민족적으로 살아간다'라는 2가지의 명제가 과연 양립할 수 있을까를 묻는 첫 번째 투쟁이기도 했던 것이다.

일본인과 연대

여하튼 박종석 씨 투쟁은 일본사회에서 상식화되었던 민족차별에 순응했던 많은 '재일'코리언에게 차별에 굴하지 말라는 것과 그 차별과 싸울 수 있다는 용기를 주었다.

히타치 투쟁 영향으로 1970년대 중반부터 간사이關西 지방에서도 민족 차별과 투쟁하는 다수의 시민운동 그룹이 생겨났다.

74년 8월 오사카에서 '재일오사카인 생활을 지키는 모임'이 발족되었고, 74년 10월 야오시八尾市에서 '재일' 코리언 어린이들의 민족교육과 진로보장에 참여하는 '도깨비 어린이회'가 출범하였다. 같은 해 11월에는 간토關東지방에 뒤이어 간사이지방에서도 '민족 차별과 투쟁하는 협의회' (이하 민투련으로 약기)가 결성되었다.

이러한 시민그룹이 중심이 되어 '재일'코리언이 많이 사는 지역인 교토京都, 오사카大阪, 아마가사키尼崎 등 관서지방 도시권에서는 74년부터 '공영주택 입주 자격'과 '아동수당 지급'의 조건 항목인 '국적조항' 철폐를 요구하는 운동이 전개되었다.

오사카에서는 같은 해 10월, 15개 시민단체가 한·일, 조·일 공동투쟁으로 구로다黑田 오사카지사知事(당시)와 오시마大島 오사카 시장(당시)에게 '재일'코리언의 ①공영주택 입주자격의 차별철폐 ②아동수당지급 ③고령연금과 복지연금 적용을 요구하였다.

이러한 신청에 대해 오사카부府는 그 다음해 1월, 오사카시市는 같은 해 2월, 15개 공동투쟁 단체와 단체교류 모임에서 '재일' 코리언 공영주택 입주자격을 인정한다는 것을 공식 발표하였다. 오사카에서 행정차별 철폐 운동 물결은 순식간에 효고현兵庫縣에도 파급되었다. 74년 12월 재일 대한기독교 무코카와武庫川 교회, 동 청년회, 아마가사키尼崎 재일동포의 인권을 지키는 모임 등 14개 시민단체가 민투련(효고)을 결성하였고, 아마가사키 시장 앞으로 '재일'코리언에게 공영주택 입주권, 아동수당지급, 노인의 무료 버스권, 무료 입욕권 등의 지급을 요구하는 '공개 질문서'를 제출하였다.

그 후에도 시와 교섭을 끈질기게 계속해서 결국 이듬해 5월 '아동수당에 있어서 국적 조항 철폐'를 요구하는 4번째 교섭을 가졌고, 철야에 걸친 논의 끝에 '재일코리언 가정에 대한 아동수당 완전지급'을 얻어내었다.

이와 같은 국적조항 철폐를 요구하는 시민운동은 '재일'코리언과 일본인의 공동 투쟁에 의해 처음으로 실현된 것이다. 이 운동은 '같은 세금을 내고 있는데 일본인이면 받는 행정상의 서비스가 한국·조선국적이기 때문에 받지 못한다'라는 것에 대한 '재일'코리언의 소박한 노여움과 그러한 민족차별을 방치하면 안 된다는 양심적인 일본인과 연대의식이 중첩되어 실현된 것이다.

공무원 임용권 도전

행정차별 철폐운동을 통해 '재일'코리언의 '내외인 평등' 생각은 마침내 지방자치 단체직원과 공립학교 교원에 불가결했던 국적조항 철폐운동으로 이어지게 되었다. 이러한 운동이 현저하게 나타나기 전까지는 '외국인은 공무원이 될 수 없는 것'이 상식이었다. 원래 국가 공무원법과 지방자치법에 '외국인은 공무원이 될 수 없다'는 명문화된 규정은 존재하지 않는다.

그렇지만 1953년에 내각 법제국法制局이 내놓은 '공무원에 관한 당연한 법리로써 공권력의 행사 또는 국가의사 형성 참가에 관여하는 공무원이 되려면 일본국적을 필요로 한다(1953년 3월 25일부 법제국 29호 내각법제국 제1부장회답)'는 견해에 의거해서 국가는 지방자치제와 공립학교에 있어서의 교직원 채용에 국적조항 철폐에 엄격한 제한을 두었다. '다른 나라 주권의 영향을 받고 있는 외국인이 일본의 공권력 행사나 공공 의사 형성에 관여하는 것은 부적절'하다는 이유에서였다.

획기적인 조치

외국인의 공무원 임용 운동은 (정주외국인 취직차별 철폐운동 일환으로 조직된) 국공립대학에서의 외국인 교수 임용 운동으로 출발하였다. 이 운동의 중심을 담당한 것은 1974년에 관서 지방 대학에서 근무한 한국·조선인 교원 유지有志에 의해 결성되었다. 이것은 '재일' 한국·조선인 대학 교원 간담회(이후 '대학교원간'이라 약칭)이다.

당시 일본 국공립대학에는 외국인이 공무원에 취임할 수 없다는 암묵의 전제로 교수회에 참가할 수 없는 조수 등 극소수를 제외하고 외국인 교수(조교수 포함)는 거의 없었다.

이러한 현상을 타파하기 위해 1975년 10월 '대학교원간'은 그 당시 문부성장관이었던 나가이永井에게 요청서를 제출하고 '국공립대학의 전임 교원에 아시아인을 채용하기 위한 특별조치 실시'를 요구하였다.

또 같은 해 12월에는 국립대학 협회 및 공립대학 협회에 대한 '재일 한국·조선인의 국공립대학 교원' 차별 철폐에 관한 요청서를 제출하였다. 게다가 77년 3월 일본학술회의에 '정주외국인과학자 처우 개선에 관한 요망서'를 제출하였다.

대학교원들과 그것을 지원하는 일본인 학자그룹의 열렬한 지원 결과 공립대학 협회는 79년 5월 '국공립대학에서 외국인을 강사 이상 전임교원 채용을 일반적으로 배제할 제도상의 근거는 부족하다'는 견해를 발표하였다.

이는 현행 법령 아래 외국 국적자를 국공립대학의 교수·조교수로서 임용할 수 있다는 최초의 공식 성명이었다.

대학교원들 사이에서는 그 후에도 '외국인 교수 임용을 촉진한다'는 특별조치법 설치를 요구하며 정부관계자 문부성 일본학술회의 공대협公大協 국대협國大協과 수차례에 걸친 교섭을 가졌다. 그 결과 82년 8월 마침내 '국립 또는 공립대학에서 외국인 교원임용 등에 관한 특별 조치법 성립'을 같은 해 9월부터 시행하게 되었다.

이 특별 조치법은 '당연한 법리'를 전제로 하면서 ①국공립대학에서도 외국인 교수·조교수·전임강사로 임용할 수 있다. ② 이들 외국인 교수는 교수회의 구성원으로 그 의결에 참가할 수 있는 것을 인정한다고 발표한다. 이 점은 원칙적으로 일본 국적을 갖지 아니한 자가 공공 의사형성 참여에 관여하는 공무원은 될 수 없다고 정한 '당연한 법리'에 '예외 채용'이라는 바람구멍을 뚫은 획기적인 조치였다.

그렇지만 외국인 교수에 '임기' 제한을 둔다든가 관리직 취임에 대해 '금후의 검토 과제'로 한 것은 대학 국제화의 문제점을 남긴 것은 부정할 수 없다. 그렇다고는 하지만 대학 교원들 사이의 대학에 대한 외국인차별 철폐운동과 그것에 대한 특별법 제정이 그 후 일본 아카데미즘에서 공무원 인사 국제화를 촉진시킨 것은 틀림없다.

공립학교 채용을 요구하며

공무원 교원 인사 국제화를 촉진하는 '재일'코리언 운동은 당연히 초 · 중 · 고등 일본 공립학교에도 확산되었다. 80년대 이전까지 '재일'코리언은 교원 면허증은 취득할 수는 있지만 오사카나 도쿄를 제외한 대부분 지방 자치단체에서 국적조항에 벽을 두기 때문에 공용학교 교단에 설 수 없었다. 80년대에 들어오면서 대학 국제화를 요구하는 '재일'코리언 그룹이 외국인차별 철폐운동의 자극을 받아 일본각지에서 공립학교의 교원 채용시험에 국적조항을 철폐하려고 하는 시민운동이 활발하게 이루어졌다.

1979년 미에현三重縣에서 '재일'코리언이 공립학교 교사로 채용된 것을 시작으로 해서 아이치愛知, 시가滋賀, 효고兵庫현 등 간사이 지방 전역에서 공립학교 교원채용에 국적조항 철폐운동을 성황리에 전개하였다.

이러한 민족차별 철폐운동 결과 81년 효고현과 시가현이 교원 선별 조항에서 국적조항을 철폐하고 다음해 82년에는 아이치현에서도 국적조항을 철폐하기에 이르렀다.

채용취소 파문

그런데 1982년에 들어오면서 '국공립학교 교원임용 특별조치법' 성립이 가까워진 시기부터 국공립학교에 있어서의 외국인 교원채용 문제에 대한 문교부의 결정에는 더욱 험난함을 보였다. 같은 해 5월 문부성은 인사담당 과장회의에서 초중고 교원에 대해 외국인 국적자는 인정하지 않는다는 방침을 확인하고 다음 해 6월 '교사는 일본인 국적을 가진 자 만에 한함' 이라는 교육부 견해를 각 교육위원회에 통달하였다.

게다가 82년 9월 문부성은 국공립대학 '외국인 교원 임용 특별 조치법'이 공포될 즈음 '국·공립 초등학교, 중학교 교사 등에 대해서는 예전대로 외국인을 임용하는 것을 인정하지 않는다' 라는 것을 다시 한 번 선언하였다. 문부성의 영향력은 크기 때문에 이 문부성 권고를 계기로 교원 채용시험에 국적조항을 명문화하는 자치단체가 증가하게 되었다.

원래 초중고 공립학교 교사 채용에 대해서는 각 지방지자체, 교육위원회가 독자적으로 실시하는 교원 채용시험에 맡겨져 왔지만 문부성의 개입은 매년 격심해졌다. 결국 1994년 12월, 나가노長野현에서 일단 교원채용시험에 합격한 '재일' 코리언 양홍자梁弘子씨가 채용이 취소되는 사건이 일어났다.

그러나 이러한 문부성의 처리는 반대로 공립학교 교원의 국적조항을 철폐하려는 시민운동에 불을 지피게 되었다. 이 사건 발생직후 전국 시민단체가 나가노현 교육위원회에 항의가 물밀듯이 쇄도하게 되었다.

85년에 들어서서 전국 '재일'코리언 교육연구협의회가 양粱씨의 정식채용을 요구하는 신청서를 제출하였다. 민단중앙본부에서도 문교부장관에게 같은 취지의 요망서를 제출하였던 것이다. 더욱이 나가노현에서는 양씨의 정식채용을 요구하는 연락회가 결성되어 신슈信州대학 교관도 항의 집회를 열어 양씨의 정식채용을 요구하는 성명을 발표하였다. 85년 2월 여론 동향을 무시할 수 없게 된 나가노현 교육위원회는 결국 양씨를 교사로서가 아니라 상근常勤 강사로서 채용하는 것을 타협안으로 내놓고 사건 수습에 나섰다.

이에 의해 양씨는 겨우 교사의 길이 열리게 되었다. 그러나 교사가 아니고 상근 강사 채용이라는 타협안 결착은 그 후 외국인 교원의 채용을 둘러싼 문교부행정에 하나의 전례를 남기게 되었다.

공무원 국적조항 철폐운동의 선구

'재일'코리언의 공무원 취임권을 요구하는 투쟁은 공무원 채용시험시의 국적 철폐운동에서도 진전을 보였다. 공무원 국적조항 철폐운동은 1975년 오사카부府에서 '재일'코리언 고교생 2명이 준 국가 공무원직(국가 공무원에 준準하는 직종)으로 불리는 전전電電공사(일본전신전화)에 응시한 것에서 시작되었다. 이때 전전공사가 그들의 수험을 인정하지 않았기 때문에 재일 대한기독교회와 부락해방동맹, 오사카부 연합회 등 14개 시민단체가 '재일'코리언 학생 수험거부에 항의하는 공동투쟁회의를 결성하고 전전공사 국적조항 철폐 운동을 전개하였다.

다음해 76년에도 다른 '재일'코리언 학생이 재차 전전공사에 응시하자 전전공사 측은 '외국 국적인자는 받지 않는 것은 공사방침'이지만 '간사이지방에서는 재일조선인이 많은 것을 고려해서 외국인의 수험에 대해서는 금후 검토한다'고 회답하였다. 그러나 계속 전전공사는 '재일'코리언 학생 수험을 거부하였다.

한편 그의 모교인 니시미야니시西宮西 고교 교원 유지有志가 전전통全電通 노동조합에 공동투쟁을 호소에 의해 전전공사 측 국적조항 철폐운동은 커다란 확산을 보이게 되었다. 국회에서도 77년 3월 중의원 예산위원회에서 사회당 우에다上田의원이 이 문제를 내걸어 국정에서도 토의되었다. 같은 해 8월에는 전전통 노동조합 긴키近畿지방 본부가 '전전공사는 공권력 행사 성격을 가지고 있지 않기 때문에 재일코리언에 대해서는 기회균등을 실천해야 한다'라는 견해를 발표하고 국적조항을 철폐하였다.

겨우 수험 자격을 인정받은 '재일'코리언 청년도 시험에 합격하였고 78년 4월부터 전전공사에서 근무하게 되었다. 같은 해 야오八尾시에서는 도깨비 어린이회를 중심으로 공무원의 일반 행정직 수험자격에도 국적조항 철폐를 요구하는 운동이 전개되었다. 그들을 지원하기 위해 노동조합을 비롯해서 시내 11개 시민단체가 결집하였고 '야오시 공무원일반 사무직 · 기술직 차별 국적조항 철폐시민공동 투쟁회의'가 결성되었다. 이와 같은 운동은 ① 취직차별을 받고 있는 시내 '재일'코리언 고교생의 진로를 보장한다. ②'재일' 어린이들에게 민족교육을 실시하는 도깨비회의 지도원을 시 정책위원으로 인정한다는 2개의 의미가 포함되었다.

2년에 걸친 시市와의 교섭을 거쳐 79년 8월 야오시는 결국 시 직원의 국적조항을 철폐하였다. 이 운동의 승리는 마침내 불처럼 확산되어 지방공무원 국적조항 철폐운동의 선구적 역할을 하게 되었다.

야오시의 공무원 국적조항 철폐운동은 이윽고 공론 의사 결정에 관여할 수 없는 국가공무원 특정직의 문호개방 운동에도 그 확산을 보였다. 국가 공무원직에도 외국인이 근무할 수 있는 직종이 있지 않을까라는 문제가 제기된 것은 1983년 9월 야오시의 '재일'코리언 고교생 2명이 오사카시 중앙우체국 창구에 우편외무원 채용시험에 수험신청을 하면서부터라고 할 수 있다.

그들은 예상대로 '일본국적을 갖고 있지 않다' 라는 이유로 수험을 거부당하지만 그들의 문제 제기는 많은 일본인들의 공감을 불러일으키게 되었다.

그 후 지역과 학교관계자를 중심으로 모임이 결성되어 우체국 내부 노동조합 오사카 우체국연합, 부락해방동맹 등 많은 시민단체가 혼연일체가 되어 '우체국 외무직원 채용시의 국적조항 철폐'를 지원하는 운동이 조직 되었다.

83년 11월 몇 차례 우편성郵便省과 교섭한 결과 '철폐를 위한 검토 작업' 이 확약되었다. 그 다음 해 84년 2월부터 우편성의 담당

직원에 의한 야오시(조선인 집중 거주 지역) 현지 학습이 실현되었다. 그리고 이 현지 학습을 거쳐 같은 해 5월 마침내 우편성 외무원 채용 항목에 국적조항이 철폐되게 되었다.

새로운 시민운동의 여명

이상과 같이 히타치차별 반대 운동을 계기로 1970년대 후반부터 시작된 재야 시민그룹을 운동 모체로 삼는 간사이지방 각지에 퍼진 공영주택과 아동수당 지급에서 국적조항 철폐운동, 국공립학교 교원과 공무원 채용에 국적조항 철폐운동 등은 기존의 민족단체나 조직에 의지해 왔던 60년대 '재일' 코리언 운동과는 전혀 다른 것이었다. 부조리한 민족차별에 결코 굴복하지 않는 '재일' 코리언 한 사람 한 사람의 사고에서 출발한 아래에서부터의 시민운동에 의해 지지되었던 것이다.

커다란 조직기반을 가진 민족단체와는 거리를 둔 그들의 운동은 민족운동이라기보다는 오히려 많은 일본인의 지원과 협력에 의해 성장했다는 점이 그 특징이라 할 수 있다. 그것은 '한 · 일, 조 · 일 연대'형 이라는 새로운 시민운동의 여명이었다. 그리고 위기로부터 출발한 70년대 국적조항 철폐운동도 일본인과 똑같은 납세 의무를 지니고 있는 '재일' 코리언이 일본인과 동등한 '주민으로서의 권리'를 요구한 최초의 공민권 운동이었다.

3 지문날인 거부운동의 파장

한 사람의 반란으로부터

1980년 9월 10일 '재일' 코리언 1세 한종석 씨가 도쿄 신주쿠新
宿 구청에서 '외국인등록증 기간갱신' 시기에 의무화되어 있었던
지문날인을 거부하였다.

일본인에게는 범죄자에게만 실시하는 지문날인을 모든 '재
일' 코리언에게 의무화하는 것은 민족 차별이고 인권침해에 해당
한다고 생각했기 때문이다.

당시 일본에 정주하는 외국인은 14살이 넘으면 외국인등록 신
규등록과 기간갱신 시에 지문날인이 의무화되어 있었다.

만약 지문날인에 응하지 않으면 '1년 이하의 징역 또는 금고
또는 20만 엔 이하의 벌금'이라는 중형이 부과된다. 게다가 귀국
이나 해외 도항에 있어서 일본 재입국 허가도 받지 못하는 리스크
를 짊어지게 된다. 누구의 후원도 없는 고립된 상황 아래에서였지
만 양심에 따라 지문날인을 거부한 한씨의 용기 있는 저항은 그 후
자연발생적으로 많은 연대자들을 낳게 되었다.

이 사건을 계기로 '재일' 코리언 지문날인 거부자는 매년 증가
하였다. 1980년에 거부자가 2명이었던 것이 82년에는 21명, 84년
에는 80여 명으로 늘어났다. 불과 5년 정도 사이에 그 수는 100명
가까이에 달했다.

또 거부자는 '재일' 코리언 사회만이 아니라 미국인·중국인

에게도 파급되어 지문날인 제도는 많은 '재일' 외국인에게 비난의 타깃이 되었다.

지문 날인제도의 의문

법무성은 이러한 지문날인 거부자에 대해 '재입국 불허'라는 제재制裁조치를 강구하기도 하고 각 자치 단체의 외국인등록담당자에게 법제14조 위반이라는 이름 아래 고발하도록 하였다. 그리고 그 위반자를 체포하도록 하는 강경 수단을 취하는 등 탄압 자세를 더욱 강하게 취했다.

한편 체포된 외국인 중에는 마침내 법정투쟁까지 가는 사람도 생겨났다. 가나가와神奈川에서 처음 지문날인을 거부한 캐서린·모리카와 씨에 대해 요코하마橫浜 지방재판소는 84년 6월 '벌금 일만 엔'이라는 유죄판결을 내렸다.

이 재판에서 변호사 측은 ①지문은 그 개인에게 있어서 중요한 프라이버시의 하나이고 본인의 의사에 반해 지문날인을 강요하는 것은 '개인의 사생활 자유의 보장'을 정한 헌법 제13조에 위배된다. ②범죄자 경우에도 마찬가지로 '손가락을 돌려가며 날인하는 방식'은 '그 사람의 품위를 손상시키는 행위 금지'인 국제 인권 규약 제7조에 위반한다. ③외국인만을 지문날인 하는 것은 법 아래에서 만인이 평등하다고 하는 헌법 제14조에 위반 된다고 주장하였다.

결국 판결은 '내·외국인을 대함에 있어서 법률상의 차이를 설정하고 외국인에 대해 권리를 제한하는 것은 피할 수 없는 것이다'라며 '외국인 등록상 지문날인이 개인 식별을 목적으로 하는 이상 동 법률의 행정목적을 달성하기 위해서는 최소한의 필요사항이므로 어쩔 수 없다'로 캐서린의 소송을 기각하였다. 이것은 지문날인 시비是非를 묻는 최초의 재판으로서 커다란 관심을 모았다.

재판 판결을 보도한 일본 각 신문 사설은 판결 결과와는 반대로 '지문날인 제도를 폐지해야 한다'라는 논조로 채워졌다. 여론이 이러한 지문날인 폐지론으로 기울기 시작한 것은 '지문날인 제도 자체가 이미 쓸모없다'라는 현장 목소리가 있었기 때문이다.

원래 외국인에게 지문날인을 요구했던 의미는 '본인 증명을 위해 필요 불가결한 등록 증명서가 틀림없이 본인에게 교부되어 본인만이 사용할 수 있고 타인이 부정하게 사용할 수 없도록 하기 위해서'였고 '등록되어 있는 자와 정정 신청인이 동일인물인가 아닌가를 확인하기 위해서 필요한 제도였다'라는 것이었다. 그러나 84년 이후 활발해진 지문날인을 둘러싼 재판의 공방에서 자치단체 직원 증언에서도 '본인 조회' 같은 것은 전혀 이루어지고 있지 않다는 것이 밝혀짐과 동시에 법무성 자체에서도 1974년 이후 '지문날인 원지原紙 조회에 의한 동일성 확인은 이루어지고 있지 않다'는 것이 판명되었다.

이런 경위를 거치면서 지문날인 제도에 대한 국민의 의혹은 더 한층 높아지게 되었다.

딜레마 극복

이러한 상황 속에서 지문날인은 외국인에 대한 인권침해라는 여론이 생겨나고 지문날인 제도의 개정을 요구하는 목소리가 외국인 측뿐만 아니라 일본인 측에서도 환기喚起되게 되었다. 많은 지방 의회에서는 외국인등록법 개정을 요구하는 의견서가 채택되고 전국 시장市長회의나 외국인등록 사무 협의회, 전국 연합 등 자치단체조직에서도 지문날인제도 개정을 요구하는 결의문이 채택되었다.

또 실제로 지문날인을 거부하는 외국인과 얼굴을 맞대지 않으면 안 되는 자치단체의 외국인 등록 담당자들로부터도 창구에서 외국인에게 지문날인을 강요하거나 그들을 고발하는 것에 대해 의문을 제기하는 목소리가 높아지기도 했다. 또한 지문날인 거부자의 고발을 보류하기도 하는 등 경찰서의 조회 의뢰에 대해서도 응하지 않는 자치단체 근무자가 속출하는 현상이 일어났다.

'자치노동자 연대운동은 고발되지 않는다'는 자치노동조합의 논리에 안도감이 생겨 지문날인을 거부하는 외국인을 증감시키게 되고 결과적으로는 지문날인제도 폐지로 이어가게 되었다.(재일외국인에 대한 지문날인 제도는 1989년 3월의 외국인등록법 개정으로 전면적으로 폐지되게 되었다)

80년대에 들어서서 단 한 사람의 반란으로부터 시작된 재일코리언의 지문날인 거부운동은 70년대에 생겨난 국적조항 철폐운동과 마찬가지로 재일코리언이 일본인과 동등한 처우를 요구한 점

에서 기본적으로 공민권운동의 연장선 위에 있다고 해도 괜찮을
것이다.

　그렇지만 여기서 중요한 점은 그들이 국적 차이를 유지한 채
로 지역 주민으로서 일본국적 소유자들과 평등한 '권리'와 '처우'
를 요구하는 자세를 분명히 했다는 것이다.

　어떤 의미에서 이러한 재일코리언을 비롯한 재일외국인의 투
쟁은 70년대에 제기된 '차이와 평등의 딜레마'를 극복하려고 한
하나의 시도였는지도 모른다. 그리고 이러한 재일외국인 투쟁은
80년대 후반부터는 참정권운동으로 계승되어 가게 된다.

4 참정권을 요구하며

여론의 과반수는 '참정권을 인정해야 한다

　'재일'코리언의 공민권운동이 고양됨에 따라 90년대에 들어
서 정주외국인에게도 참정권을 부여하는 것은 어떠한가라는 여론
이 높아져 갔다.

　《아사히신문》이 조사한 여론조사에서는 참정권을 가지지 않
는 '재일'코리언에 대해 '참정권을 인정해야 한다'라고 대답한 사
람은 47%에 달했고 '인정하지 않는다'라고 대답한 41%를 웃돌았
다. 그 중에서도 20대·30대 젊은 세대는 60%가까이가 그들에게
도 '참정권을 인정해야 한다'라고 대답하고 있어 세대가 젊어지

면 젊어질수록 정주외국인에게 '참정권을 부여해도 괜찮다' 라고
하는 풍조가 강해지고 있는 듯하다.

또 1993년 오사카부 기시와타岸和田 시의회에서 가결된 '정주
외국인에 대한 지방 참정권 인권보장확립에 관한 요망결의要望決議
를 계기로 일본정부에 정주외국인에 참정권을 인정하자는 지방의
회 결의와 의견서 채택이 일본 전국으로 확대되어 갔다.

특히 1995년 2월 '정주외국인에 지방참정권을 부여하는 것을
헌법상에서는 금하고 있지 않다' 라는 최고재판소 판결이 이러한
지방의회 움직임에 박차를 가하게 되었다. 그 판결 이후에 '정주
외국인 참정권' 결의나 의견서를 채택한 의회는 전국 자치단체 약
40%인 1천383곳인 부府 · 현縣 · 시市 · 정町 · 촌村에 다다르고 있다.

민족성 상실이라는 위구危懼

이와 같이 일본인 측에서도 참정권을 부여하자는 기운이 높아
지기는 했지만 참정권을 부여받는 측, 즉 정주 외국인 쪽에서는 참
정권 획득을 어떻게 받아들이고 있는 것일까. 이 질문에 답하기 위
해서는 정주외국인 63만인의 90%이상을 차지하는 '재일' 코리언
(약 59만인, 94년 법무성 조사) 참정권 문제에 대한 동향을 파악하는
것이 중요하다.

'재일' 한국청년회가 1986년 18세에서 31세까지의 '재일' 코
리언의 청년을 대상으로 조사한 조사에 의하면 '(정주 외국인에)어
떤 형태로든 지방 참정권을 부여해야 한다' 의 대답이 60%이상이

었다. 한편 '자치단체 행정에 참가해서는 안 된다' 는 불과 0.7%에 지나지 않는다.

이 결과만을 본다면 적어도 '재일' 코리언 젊은 세대는 지방참 정권 획득에 의욕적인 것처럼 비춰진다.

그러나 '재일' 코리언을 대표하는 최대 민족단체 즉 민단과 조 총련이 일본에서 참정권 획득에 의욕적인가 라고 하면 일괄적으 로 그렇다고 할 수는 없다. 그 중에서도 북한 정부 아래에 놓인 조 총련은 일관되게 지금까지 '재일' 코리언 참정권 획득에 부정적인 입장을 취해왔다.

조총련 제1부 의장인 이진규李珍珪는 1993년에 있었던 중앙위 원회에서 '재일' 코리언의 참정권획득 문제에 대해서 다음과 같이 피력했다.

일부의 재일론자在日論者들이 (중략) 참정권 획득이라는 권리를 주장하는 말들을 확대시키고 있다. 이것은 재일동포의 운명을 조선 민족하나로 일체화하여 조국의 운명 민족의 운명과 연대하지 않고 조국과 민족으로 떼어내어 일본사회의 구성원으로 만들려고 하는 것이 그 본질입니다.

조총련 간부의 이러한 발언 배후에는 일본에서 참정권을 획득 해 가는 것은 결과적으로 '재일' 코리언의 일본사회에 동화를 촉 진하고 나아가서는 그들의 민족성 상실로 연결된다는 것이다. 이는 일본에서 시민적 권리획득＝동화라는 강한 경계심의 표출인 것이다.

조총련과 정치적으로 대립해 온 민단조차도 참정권획득에 적극적으로 나서게 된 것은 최근의 일이다. 민단이 '참정권 실현'을 운동 주축으로 세운 것은 90년대 중반에 들어서부터이고 이때까지 일부 지방 본부를 빼고는 '시기상조'라는 목소리가 컸었다.

민단중앙본부에 설치된 '91년 문제위원회' 위원장을 지낸 박병윤朴炳閏은 1987년 기관지에 발표한 논문에 민단의 참정권문제 대응에 대해 다음과 같이 논하고 있다.

지방자치 선거권의 경우 헌법 이념에 근거해 요구할 수 있다고 이해할 수 있지만 그것이 가지는 정치적 의미로 보아도 행정차별 철폐운동 일환 중 하나로 삼는 것은 시기상조이다.

또 민단의 고문변호사를 지내고 그들의 권익옹호운동에 커다란 영향을 준 김경득金敬得은 '일본에서의 참정권요구는 50년 후·100년 후 달성을 위해 대를 이은 차세대 과제로 생각하지 않을 수 없다'라며 재일 참정권획득은 금일 과제가 아니라는 인식조차 보였다.

여하튼 참정권 문제에 대해서는 민단중앙본부를 비롯한 대다수 지방본부가 1990년대 후반까지 '참정권 운동은 시기상조다'라는 인식을 보였고 '조금 더 상황을 두고 보는 편이 좋겠다'라는 정적靜的인 자세로 시종일관했다는 것은 의심의 여지가 없다.

민단중앙본부가 일부 지방본부나 단원에 촉발되어 '참정권 획득'을 향해 구체적인 자세를 보인 것은 1998년의 일이었다. 그 해 6월 민단중앙본부는 '참정권획득'을 운동 방침으로 내세우고 지방본부를 통해 정주외국인 참정권을 인정하자는 것을 일본정부에 요구하는 결의서나 의견서를 채택 지방의회에 탄원하는 전국적 진정운동을 개시했다.

금기

그러나 민단이 이러한 조직운동을 전개하기 훨씬 이전부터 일부 '재일'코리언 사이에서 참정권을 요구하는 목소리는 있었다. 오히려 이 문제를 무시해 온 조직(민단·조총련)의 대응에 속을 끓여온 재야 '재일'코리언이 민단·조총련조직보다 우선하여 민중의 힘으로 참정권 획득운동이 진행되어왔다고 해도 좋을 것이다.

생각해 보면 '재일'조선인은 일본 식민지 지배 아래에서는 참정권이 있었다. 당시 참정권이 부여된 것은 내지(일본 본토인)에 거주하는 자에게 한정되어 있었기 때문에 말 그대로 '재일'조선인만이 국정·지방 관계없이 선거권·피선거권이 부여되었던 것이다. 사실 1929년부터 42년까지 '재일'조선인 중에서 중의원 의원 1명, 구區의회 의원 2명, 시의회의원 30명, 정町의회 의원 22명이 있었다.

그러나 전후 중의원 의원 선거법, 참의원 선거법, 지방자치법,

공직선거법 법안들이 '호적 법적용을 받지 않는 자의 선거권 및 피선거권은 당분간 정지한다'라고 정했기 때문에 호적이 조선에 있었던 '재일'조선인의 참정권은 '정지'된 것이다. 즉 '재일'조선 인은 일본국적 보유자였던 시점에서도 이미 참정권은 박탈된 것 이었다.

그 후 잠시 동안 상실된 참정권은 '재일'코리언 사이에서 문 제되지는 않았다. 그 이유는 여러 가지 생각할 수 있지만 우선 무 엇보다도 일본식민지기에 융화정책의 일환으로 일부 '재일'조선 인에게 부여한 참정권에 대한 거부의식이 1960년 · 70년대 민족 단체가 젊어져 온 '재일'코리언 1세의 마음 한 구석에 머물고 있 었기 때문이다. 그 때문에 참정권은 일본의 융화정책이라는 생각 을 떨쳐버리지 않았고 참정권에 대해 논하는 것은 '재일'사회에 서는 금기가 되고 민족단체의 권리획득 대상에 오르지 않았던 것 이다.

1970년 후반에 들어서서, 처음으로 이런 '재일'사회의 금기에 도전한 사람이 나타났다. '재일한국 · 조선인 이름은 본국 이름으 로'라는 NHK를 상대로 1억 엔 소송을 건 고故 최창화 목사였다.

그는 1976년 9월 후쿠오카현 지사 앞으로 '지방자치단체에 정 주외국인 참정권을 인정해달라'라는 요청서를 제출했다. 그러나 그의 이러한 행동은 당시의 일본사회로부터도 '재일'코리언 사회 로부터도 충분한 지지를 얻지 못했다.

그 이유는 70년대 '재일'코리언은 겨우 정주화의 길을 모색하기 시작했던 시기였다. 가혹한 민족차별 투쟁을 통해 일본사회에서 시민권을 획득해 가는 것이 자신들의 미래에 어떤 영향을 낳을 것인가 등 아직 시행착오 단계에 있었기 때문이다.

'국민' 개념의 재고를 촉진

참정권이 '재일'코리언 사회에서 권리획득운동의 구체적 과제로 다루어지기 시작한 것은 1980년대 후반에 들어서이다. 1987년 1월 민투련民鬪連 전국대표자회의는 '정주 외국인에 대한 기본법' 제정을 요청하면서 참정권의 필요성을 강조했다. 이듬해 12월 그 취지를 실은 '재일 구舊식민지 출신자에 관한 전후 보상 및 인권 보장법'을 발표했다.

동법 제10조는 '특별 영주권자는 지방자치단체의 참정권을 갖는다'라고 하고 특별 영주권자에 지방참정권을 부여하지 않으면 안 된다는 것을 명기했다.

이 시기에 민단 중앙본부도 '제 6차 재일코리언 권익에 관한 요망서'(1987년)에 '납세 의무를 지고 있는 자로서 당연한 권리'라고 지방선거 참정권을 요구하였다.

정주외국인 참정권획득운동 제2보는 법정투쟁이라는 형태로 진행되었다. 그러나 '재일' 외국인 참정권문제를 최초로 재판소로 가지고 간 것은 '재일'코리언도 '재일' 조선인도 아니었다. 그것은 '재일' 영국인의 소박한 의문에서 출발했다. 1989년 7월 아란 힛구스 씨는 참의원 선거에 투표하기 위해 이케다池田시 선거관리위원회를 방문하지만 '일본 국적자가 아니다'라는 이유로 투표를 거부당했다. 이것을 의문시한 그는 같은 해 11월 '공직선거법 즉 헌법이 정한 〈법 아래의 만민 평등〉의 위헌이다'라고 소송을 제기했다. 이것이 소위 말하자면 '재일' 외국인에 의한 국정참정권 재판 제1호인 것이었다.

그는 이 재판에서 위헌 이유로 새로운 법 해석 두 가지를 제시했다. 우선 '국민' 고유의 권리로써 보장되어 있는 선거권의 경우 '국민'이라는 것은 일본국적 보유자만이 아니라 일본사회의 구성원으로서 일본정치결정에 따르는 사람을 가리킨다는 것, 게다가 영주권을 가진 정주외국인은 항구적인 생활근거지가 일본에서 이루어졌기 때문에 실질적으로는 귀화한 자와 마찬가지라는 해석이었다.

1991년 3월 오사카 지방재판소는 아란 힛구스 씨에 대해 기각 판결을 내리지만 이 재판은 (동년 4월 오사카 최고재판소에 상소하지만, 동월同月 '각하'가 결정. 95년 2월 상소심 결정에 있어서도 원고 측의 상소는 기각됨) 일본 국민에게 새롭게 '국민' 개념 재검토를 촉진시킨 점에서 그 의미를 가지고 있었다.

'주민'은 누구인가.

국정 참정권을 요구한 아란 힛구스 씨에 대해 법정에서 정주외국인 지방참정권을 문제로 삼는 '재일' 코리언도 생겨났다. 1990년 9월 김정규金正圭 씨외 11명이 '재일' 코리언은 공직선거법에 근거한 선거인 명부에 이름이 등록되어 있지 않은 것에 불복, 오사카시 등 세 개의 시에서 선거관리위원회에 이의신청 재판을 걸었다.

김씨 등의 소송내용은 간단히 말하자면 '일본국민의 연령 만 20세 이상인 자로 계속해서 3개월 이상 시市·정町·촌村 지역구에 거주 주소를 가진 자는 법률이 정하는 바에 의해 그 소속 보통지방공공단체의회 의원 및 장의 선거권을 가진다'라고 정한 지방자치법 제18조와 공직선거법 제9조 2항의 '지방공공단체의장 그 의회 의원 및 법률이 정하는 그 외의 사원使員은 그 지방공공단체 주민이 직접 이것을 선거한다'라는 항목에 위반한다는 것이었다.

여기서 문제가 되고 있는 것은 지방자치단체 법 제10조 1항에 명시한 '주민' 개념 규정이다. 이 법률에는 '시·정·촌 구역내에 주소를 가진 자는 해당 시·정·촌 및 포괄적인 도都·도道·부府·현縣의 주민이라 한다'라고 명기하고 있다는 부분이다. 이 해석은 예를 들면 외국국적 이라 하더라도 해당 시·정·촌 구역 내에 주소를 가진 자는 지방공공단체 주민으로 본다는 시각이다.

앞에서의 예를 든 재판이 '국민' 개념의 재고를 촉진한 것이라고 한다면 이 재판은 '(지방공공단체의)주민' 개념 재검토를 촉진한 것이라고 말할 수 있다.

그 후 '재일' 코리언들의 정주외국인 참정권을 둘러싼 법정투쟁은 일본각지에서 활발해진다. 1991년 5월 후쿠이현福井縣의 '재일' 코리언 1세·2세 4명이 지방선거권을 요구하는 소송을 걸었

다. 또 1993년 3월에는 1992년 당시에 '재일당在日黨'을 창당해 참
의원선거에 입후보했지만 '이름 확인을 위한 호적등본이 없다'는
이유로 신청서 접수를 거부당한 이영화李英和 씨가 '입후보 신고서
를 접수하지 않는 것은 선거권·피선거권을 기본적 인권으로 보
장한 헌법 국제인권규약에 위반한다'라며 450만 엔 국가배상을
요구하는 소송을 오사카 지방재판소에 낸다.

그리고 1995년 4월에는 오사카부에 사는 '재일'코리언 118명
이 정주외국인 지방 참정권을 인정하지 않는 현행 공직선거법 및
지방자치법은 법아래 만민평등을 보장한 헌법에 위반된다고 주장
했다. 나라를 상대로 해서는 적당한 조치를 취하지 않았던 위헌 확
인을 요구하고 한 사람당 10만 엔 손해배상 소송을 오사카 지방재
판소에 제출한다.

재일 코리언 운동이 일본정치를 움직이고 있다.

'국내 영주자로서 지방자치단체와 밀접한 관계를 가지는 외
국인에게 법률로서 지방선거 선거권을 부여하는 것은 헌법상 금
지되어 있지 않다. 그들에게 이러한 조치를 취해야하는가 그렇지
않은가는 오로지 나라의 입법정책 여하에 달려있다.'

1995년 이러한 최고재판소 판결이 내려진 직후에 당시의 자민
당自民黨, 사회당社會黨, 사키가케サキがケ의 연립여당인 3당이 정치개
혁 협의회를 결성, 정주외국인에게 참정권을 부여하는 것을 전제
로 '상호주의' 원칙을 내세웠다.

상대국이 그 나라에 재주在住하는 일본인에게 참정권을 인정하지 않는 이상 일본도 '재일' 외국인에게 선거권을 부여할 수 없다는 것이었다. 게다가 자민당은 정주외국인의 모국과 일본의 이해관계가 대립하는 경우나 국교가 없는 나라를 모국으로 하는 정주외국인 지방 참정권 부여는 소극적인 자세를 보였다.

이에 대해 사회당은 정주외국인 다수를 차지하는 '재일' 코리언의 역사적 경위를 고려하면 이 문제에 상호주의를 내건 것은 타당하지 않다고 반론했다.

또 사키가케당도 엄밀한 의미에서 상호주의원칙을 취하는 것은 스페인과 포르투갈 등 극히 일부 나라뿐이고 상호주의 원칙은 세계주의 조류가 아니라고 자민당에 반론 정주외국인 참정권 부여에 적극적인 자세를 보였다.

3당 협의는 95년 3월부터 같은 해 10월까지 계속되었지만 정주외국인 참정권부여에 긍정적인 사회·사키가케당과 참정권부여에 신중한 자민당과의 거리는 좁혀지지 않았다.

이 문제는 결국 3당간에 합의를 보지 못하고 마침내는 정치개혁협의 테마에서 빠져버리게 된다. 한편 당시 야당 제1당이었던 신진당新進黨도 '정주외국인 지방 참정권 프로젝트팀'을 조직하고 법안 작성에 임하기는 했지만 당내에서 반대 및 신중의견이 대두하여 법안제출을 단념했다.

그 후 정주외국인 지방참정권 부여에 적극적이었던 신진·사회·사키가케당이 당의 해체·해산 입장에 몰리는 과정에서 국회에서 정주외국인 참정권논의는 잠시 모습을 감추는 상태가 되었다.

그러나 이렇게 잊혀져가고 있던 이 논쟁을 다시 불사른 것은 1998년 10월에 실현한 김대중대통령의 방일이었다. 그는 국회연설에서 60만이 넘는 '재일'코리언 존재에 대해 '일본정부에 재일코리언 2세·3세는 일본에서 세금을 내고 일본사회에 커다란 공헌을 하고 있다. 그들에게 지방참정권을 부여할 것을 부탁한다'라고 언급했다.

이러한 김대중대통령의 요청에 대해 당시 민주당民主黨, 공명당公明黨, 공산당共産黨의 각 당으로부터 재차 정주외국인에게 지방참정권을 부여하자는 기운이 높아져가고 있다. 민주당 공명당 공산당은 이미 정주 외국인에게 지방참정권을 부여하는 법안을 각각 작성해, 중의원 사무국에 제출하고 있다.

지금까지는 정주외국인 참정권부여에 신중한 태도를 지켜온 자민당도 노나카 히로무野中廣務 관방장관(당시)이 '언제까지나 방치해 둘 문제는 아니다'라고 말하는 등 법제화에 긍정적인 자세를 보이기도 했다.

그렇지만 자민당 내부에 여전히 상호주의 원칙을 고수하는 정치가도 적지 않다. 자치국도 '선거 참가는 공식적인 의사결정에 관여하는 사항이므로 국적은 무시할 수 없다'라는 생각을 양보하고 있지 않고 있다.

이러한 상황 속에서 '재일'코리언 참정권운동에도 새로운 전개를 보이게 된다. 99년에 들어서서 민단이 한국정부에 대해 재한

在韓 장기체재 외국인에게 지방자치단체 투표권을 부여할 것을 요청했다.

'일본에서 재일코리언에게 획기적인 법적 지위가 부여된다면 한국 내에서 장기체재 외국인에게도 그에 어울리는 조치가 있지 않으면 안 된다'라고 했다.

만약 한국정부가 이러한 요청을 받아들여 재한 일본인에게 지방 참정권을 부여하게 된다면 상호주의 공방전은 없어지고 일본에서도 정주외국인 지방참정권부여는 입법화가 진전될 가능성이 있는 것이다.

아래로부터의 민중 운동

이와 같이 참정권획득을 향한 '재일'코리언의 자세를 되돌아보면 그 특징을 적어도 두 가지를 지적할 수 있을 것이다. 우선 참정권획득운동이 위로부터의 조직운동이 아니라 아래로부터의 민중운동이 모체가 되어 발전되었다는 것이다.

60·70년대 '재일'코리언 운동인 한일조약 반대운동, 외국인학교법안 반대운동, 출입국관리법안 반대 운동 등은 민단이나 조총련이 헤게모니를 쥔 위로부터의 조직운동이 그 대부분이었다. 그러나 지문날인 거부운동이 계기가 되어 전개된 1980년대 이후의 '재일'코리언 권익옹호운동은 개인이나 시민 단체에 의한 아래로부터, 즉 민중에 의한 운동이 모체가 되어 대중화되었다는 것이다.

참정권 획득운동을 '재일'의 대중운동이라고 하기에는 아직 불충분한 점이 있기는 하지만 이 운동이 이러한 아래로부터의 운동에서 발전되어 왔다는 것은 '재일'코리언 사회의 '조직'과 '본국 권력'으로부터 자립 혹은 '시민운동으로서의 성숙성'을 고려할 때 커다란 의미를 가지고 있다고 할 수 있을 것이다.

차이와 평등

두번째로 참정권 획득운동은 지문날인 거부운동 때에 보여 진 것과 같이 '재일'코리언에 의한 단일적인 운동이 아니고 그 운동에는 '저항'과 '비판'이 내재되어 있다는 것이다.

앞에서도 기술한 바와 같이 '재일'코리언 운동에 커다란 영향을 주어 온 조총련·민단 측에서도 참정권획득에는 아직 '시기상조'파의 강한 저항도 있었다.

참정권 요구가 머지않은 장래에 '징병제'등 '재일'코리언에게 새로운 의무를 부과할 가능성은 없는가. 또 참정권 획득에 의해 일본의 권력 구조에 흡수될 위험성은 없는가. 게다가 본국과의 관계는 어떻게 되는가 등 참정권 문제에 부수된 '재일'코리언의 불안은 끊이지 않는다.

그러나 그들에게 있어서 최대의 걱정은 참정권획득이 '재일'코리언에게 지방 '주민'으로서 일본사회로의 귀속의식을 강하게 만들고 조국과의 관계를 희박하게 하는 것은 아닐까에 있었다. 일본땅에서 살지만 이異민족으로 산다는 '차이'를 중시한 '재일'코리언에게 있어서 이전의 융화정책 일환으로서 부여되었던 참정권은 결국 일본인과 '평등'한 권리를 획득해 가는 과정에서 민족의 '차이'를 없애는 '사탕발림 정책'으로 비춰질지도 모른다.

그렇지만 전전기戰前期 '재일'코리언에게 참정권이 부여되었던 것은 식민지 하에서 그들이 일본국적을 가지고 있었기 때문이었고 그 과정에서 한국·조선 국적인 채로 참정권을 획득하려고 하는 금일의 운동과는 질적으로 구별하지 않으면 안 된다.

물론 '재일'코리언이 일본국적을 취득(귀화)하면 자동적으로 참정권은 부여되고 이미 일본국적 한국인 중에는 국회의원과 현의원도 탄생하고 있다. 그렇지만 그들의 대부분은 일본명을 쓰며 출신을 감춘 상태에서 정치활동을 하기 때문에 참정권 획득에 의해 오히려 그들의 민족적인 '차이'는 말살되어 버리는 것이다.

현재의 '재일'코리언이 바라고 있는 것은 한국·조선 국적이라는 '차이'를 일본사회로부터 인정받은 후 지방행정 참가를 향한 '평등' 획득인 것이다.

이상 살펴 본 바와 같이 '재일'코리언 참정권운동은 잠시 동안은 '차이'와 '평등'의 딜레마 속에서 흔들릴 것으로 보인다.

제7장

귀속에 대한 저항

— '재일'로 사는 의미

참정권을 요구한 최창화崔昌華 목사

1 '제3의 길' 논쟁

민족차별과 민족 아이덴티티

70년대에 들어와서 '재일' 코리언의 정주定住화 경향이 뚜렷해짐에 따라 일본에서 태어나고 자란 2세·3세들 사이에서 '재일'의 삶의 방법이 모색되고 있다. 다시 말하면 일본사회에서 피차별자로서의 '재일' 코리언 '불우성不遇性'을 극복하려고 하는 문제의식에서 출발하여 '재일' 코리언이 이국 일본에서 민족적으로 생활하는 의의를 추구하려고 하는 적극적인 물음과도 일맥상통하고 있다. 이것은 '재일' 코리언이 자신들의 민족이나 국가를 자문하는 작업이기도 했던 것이다.

이 장에서는 각각의 시대를 대표하는 몇 개의 논쟁을 검토하는 것으로 '재일'코리언의 삶의 방법을 둘러싼 여러 가지 견해를 정리하여 '재일'코리언이 일본에서 사는 의미에 대해 고찰하고자 한다.

'재일'코리언 입장에서 일본에서 민족적으로 산다는 것에 대해 본격적으로 문제제기를 한 것은 1980년 대한기독교청년회 전국협의회 회장직에 있었던 최승구崔勝久 씨다. 그는 대한기독교 청년회 전국대회에서 '재일'코리언 2세·3세의 민족의식 현상과 장래에 대해 다음과 같은 견해를 피력했다.

'재일'코리언 2세·3세의 민족·민족의식에는 ①천성적으로 소박한 민족의식 ②'한국국민으로서'라는 같은 민족이라는 민족의식 ③일본인에게 차별 받음으로써 처음으로 실감하는 '피 차별의식적 민족의식'의 세 가지 타입으로 생각되어지지만 민족차별이 방치되어 있는 일본 같은 폐쇄적인 사회에서는 ①과 ②로 대표되는 평균적인 민족의식보다는 ③과 같은 피차별의 변형된 민족의식이 일반화되어 가고 있다.

당시 대한기독교 청년회에서는 히타치 취직 차별사건(제6장 참조)의 피해자가 된 박종석 씨 지원활동의 중요성이 지적되기도 했지만 최씨의 이 발언으로 같은 조직 멤버로부터 여러 가지 의문이

제기되게 되었다.

　청년회 멤버의 한 사람이었던 김철현金哲顯 씨는 '최씨는 한편으로는 민족차별 극복을 주장하면서 '재일' 코리언 2세·3세의 민족의식이 차별을 통해서만이 형성된다고 하는 것은 본래의 의도가 전도된 것은 아닌가' 라고 지적, 이와 같은 인식대로 히타치 투쟁을 전개해 가는 것은 동화로 연결된다고 해서 최씨의 생각을 통렬히 비판했다.

　이 결과 히타치 투쟁을 지원한 최씨는 '동화를 조장한다' 라는 이유로 회장직을 해임했다.

민족단체와는 괴리된 운동

　그렇다고는 하지만 '재일' 코리언 운동단체 내부에서도 이 문제가 충분히 음미되지 않은 채 히타치 취직 차별 재판을 계기로 취직차별·행정차별 철폐 운동이 각지에서 개별적으로 전개된 것은 70년대 '재일' 의 민족운동 방향성에 커다란 균열을 가져오는 원인이 되었다고 생각되어진다.

　'재일' 코리언의 정주화가 진행됨에 따라 지금까지 민족 차별에 순응했던 코리언 내부에서 외국국적이라는 이유만으로 시민적 권리를 박탈당한 채 인간다운 생활을 영위할 수 없었던 '재일'사회의 불만과 이의 신청이 제기되기 시작하고 시민적 권리의 획득을 요구하는 민족운동 필요성을 호소하게 되었다.

　그런데도 불구하고 구태의연하게 기존 민족단체 대부분은 일본사회에서 '재일' 코리언이 일본인과 동등한 권리를 획득해 가는 것은 결국 동화로 연결된다고 간주, 히타치 취직차별 사건의 지지 운동을 비롯한 개별적인 권익 투쟁 운동에는 소극적인 자세를 취해왔다.

히타치 취직차별 재판을 계기로 2세를 중심으로 한 '재일' 시민그룹 내부에서 '재일' 코리언의 아동수당과 시영주택 입주 등을 요구하는 개별적 시민권 획득 운동이 기존의 민족단체와는 괴리된 운동으로 발전해 간 것은 어떤 의미에서는 '재일'의 민족운동 확산을 암시하는 것이었는지도 모른다.

'제3의 길'의 다른 평가

70년대 후반에 들어서 '재일' 코리언의 삶의 방식을 분석대상으로 한 두 개의 논문이 파문을 일으켰다. 법무성 기관지에 게재된 사카나카 에이토쿠坂中英德 씨의 논문과 재야에서 '재일' 운동을 담당했던 김동명金東明 씨의 논고다.

우선 사카나카坂中 씨는 이 논문에서 '재일' 코리언의 삶의 방식을 ①귀국지향 ②귀화지향 ③한국·조선국적인 채로 일본 정주지향의 세 가지 유형으로 분류했다. 계속해서 귀국지향이 감소하고 정주지향의 증가가 예상되는 금후 일본이 ③유형 '재일' 코리언의 다수를 받아들이는 것은 사회적으로 볼 때 마이너스로 보고 '재일' 코리언이 귀화하기 쉬운 환경을 만들어 가는 것이 중요하다고 지적했다.

김동명金東明 씨는 사카나카版中 씨의 지적과 마찬가지로 '재일' 코리언을 세 종류의 삶의 방식으로 보는 견해는 일치하지만 ③의 유형에 대한 평가는 큰 차이를 보이고 있다.

김동명 씨는 조국이 불안정한 상태인 현재로써는 ①은 희망할 수 없고 또 ②는 동화로 연결되는 것이고 ③의 유형이야말로 금후 정당하게 평가될만한 '제3의 길'이라고 주장했다.

그리고 한국 · 조선 국적대로 일본에 체류할 수 있는 새로운 '재일'의 삶의 방식은 오히려 한 발 전진한 평가라고 했다. 이러한 김동명 씨의 견해는 북한이나 당시 박정희 정권에 대한 '재일' 코리언들의 불만을 대변함과 동시에 '재일' 코리언의 귀화를 장려하는 사카나카의 논문을 비판한 것이기도 했다.

'제3의길' 인가 '동화의 길' 인가

그렇지만 김동명 씨의 제언은 기본적으로 귀국 지향을 부정하는 것이고 정신적으로 조국과 일체화하는 '재일' 코리언 1세의 비판을 받게 되었다.

김시종金時鐘 씨의 '조국의 모습이나, 미래 참여성을 갖지 않은 사람들에게 민족성은 보존 유지될 수 있는 것일까'라는 발언과 이회성李恢成 씨의 '조선인의 내부에서 스스로의 존립기반을 붕괴시켜버린다.《제3의 길》이 공공연하게 나온 것은 유감스러운 일이다'라는 코멘트는 '조국 지향 상실은 민족성 상실과 연결되어 결국은 동화로 연결된다'고 하는 1세의 불만을 정직하게 말해주고 있다.

　그러나 김동명 씨의 문제제기를 계기로 '귀화하지 않고 조선 민족으로서의 자각과 프라이드를 가지고 일본에서 살아간다' 라는 '제3의 길' 이라고도 할 수 있는 생각이 새로운 세대에서 서서히 시민권을 획득해 가는 것은 이 생각이 '정주를 전제로 한 민족적 삶의 방식' 에 하나의 방향성을 제시한 것이라 하지 않을 수 없다.

2 사실로서의 '재일' 과 방법으로서의 '재일'

'내內 국민화' 에 수렴 될 위험성

　70년대 최승구崔勝久와 김철현金哲顯 논쟁. 그리고 '제3의 길' 을 둘러싼 논쟁은 조국과 떨어진 일본에서 뿌리 깊게 이어오는 민족 차별을 견디며 일본에서 민족적으로 정주해 간다는 것의 어려움 이 새롭게 지적되기도 했다. 그렇지만 이러한 어려움과 어떻게 맞서야 하는가라는 문제는 소화하지 못한 아쉬움을 남겼다. 즉 '제3의 길' 은 민족적 자각 회로와 '민족차별 극복과 민족의식 획득은 과연 양립할까' 라는 근본적인 문제가 방치되었던 것이다.

　85년에《삼천리》지에 발표된 강상중姜尚中 씨의 논고는 이 점에 대해 날카로운 지적을 하고 있다.

　강씨는 '주민으로서 소수민족의 정주화 발상에는 어느 정도 어려움이 있다' 라고 지적하며 현재 상태로 '시민성을 획득하는 것이(중략) 문명화 이후의 가치서열화에 참가하기 위한 통과의례가 되는 것을 예상할 수 있다'라며 비판했다. 즉 일본 '내국민화'에 수렴하는 위험성을 가진 차별 철폐운동과 시민권 획득 운동의 모습에 의문을 제기했다.

그리고 '일본 사회를 향해 이질적인 존재 공존을 호소한다고 해도(중략) 이질적인 것 자체가 불안정하고 애매한 관념이라면 공생은 성립할 수 없지 않는가'라고 주장해 정주定住화를 전제로 한 시민권 획득 운동의 거점이 될만한 사상과 논리를 구축해 갈 필요성을 논했던 것이다.

결과적으로 강씨는 이러한 방향성을 명확히 제시한 것은 아니지만 그 힌트로써 '재일'과 일본 그리고 분단 조국 쌍방이 공통 역사의 과제로 이 문제를 안고 있는 것을 직시하고 이것에 대한 태도 결정을 지렛대로 해서 간접적으로 조국에 지향해야 할 필요성을 토로했다.

조국 미화美化의 위험성

지금까지 '재일' 코리언의 차별철폐와 시민권 획득 운동을 비판한 강씨의 논문은 민족 차별과 현장에서 투쟁해 온 운동권에게도 자극을 주고 현장 활동가들로부터 많은 반론이 전해졌다. 그 중에서도 민투련 멤버인 양태호梁泰昊 씨의 비판 논고는 운동을 담당해 온 당사자 입장에서 강씨 논문의 문제점을 지적해 커다란 반향을 불러일으켰다.

양씨의 논문은 조국과의 관계를 강조한 나머지 '재일' 정주 현실을 직시하고 있지 않는 강씨의 시좌視座를 문제로 정주화를 객관적 사실로 받아들이고 나서 '재일' 공동의식을 구축할 필요성을 논했다.

양씨의 비판을 받은 강씨는 그에 대한 반박 비판을 시도, 강-양 논쟁은 크게 부풀어 올랐다.

우선 강씨는 양씨 논문이 정주화를 역설한 나머지 '재일'의 2중성과 조국 귀속보다는 일본 사회 쪽 편중 논리를 내포하고 있다고 비판 '남과 북'과 '일본' 그리고 '재일' 관계의 총체를 시야로 정주 외국인의 인생을 민족적 가치 재생과 조국이 통일되어야 한다는 민족 국가로 방향을 설정해 가는 '조국과 접속된 재일' 논을 제시했다.

이것에 대해 양씨는 재 비판 논문에서 '재일의 장래를 조국에 맡겨버리는가' 라는 의문을 제기 조국 존재를 너무 미화하는 위험성에 대해 지적한 후 '재일'코리언이 일본사회 뿐만 아니라 남·북한을 비판적으로 받아들여야할 필요가 있다고 반론했다. 그리고 양씨는 결론으로 '재일코리언 자신이 국가적 보호를 기대하기 전에 재일코리언으로서 살고 싶다는 의사를 더 선명하게 드러내야 할 필요가 있다' 라고 역설했다.

일련의 이 두 사람의 논쟁을 통해 둘 사이에 어떤 합의가 형성된 것은 아니었다. 오히려 조국과의 관계를 중시하는 강씨와 '재일'의 주체성을 중시하고 '재일'의 존재를 조국과 일단 분리하는 양씨의 입장에는 커다란 거리감이 있는 듯하다. 민족적으로 살아 가려고 하는 기본 자세에 있어서는 양자가 일치하면서도 조국을 전제로 한 '재일'의 삶의 방법을 모색하는 강씨의 발상과 '재일' 의 생활에 뿌리내린 새로운 삶의 방법을 추구하려고 하는 양씨의 그것에는 커다란 단절이 보인다.

일본 국적을 갖는 '재일' 코리언의 증가

이 두 사람의 주장은 민족적 자각의 회로를 조국에서 찾는가 혹은 '재일'에서 찾는가 라는 것에 차이는 있지만 일본사회 민족 차별 철폐(시민권 획득)와 '재일' 코리언의 민족의식 획득이라는 딜 레마를 극복하려고 하는 점에서 어느 쪽도 '제 3의 길' 설에 이론 적인 근거를 두고 있다고 말할 수 있다.

그렇지만 1980년대 후반부터 국적법 개정(1985년)에 의해 출 생과 동시에 일본국적을 부여받는 '재일' 세대가 증가하기 시작했 다. 동시에 일본국적을 가진 '재일' 코리언 중에서도 민족적 삶의 방법을 모색하는 자도 나타났다. 즉 한국·조선 국적 견지堅持를 전제로 한 '제3의 길' 설에서는 대응할 수 없는 부분들이 나오기 시작하고 있다.

무시할 수 없는 선택

이윽고 이러한 경향은 원하든 원하지 않든 간에 '재일'에게 현 실적인 선택 중 하나로 나타나고 있다는 것은 무시할 수 없게 되었다. 그래서 이것을 부정적으로만 생각해서는 '재일'의 장래를 전망할 수는 없다는 권리로써의 일본국적 취득에 관한 논고가 많이 보인다.

이러한 견해는 원래 샌프란시스코 강화조약(발표 1952년 4월) 이후 일본국적을 일방적으로 박탈당한 것에 대한 '재일' 코리언의 불복 신청 경우와 비슷하다.

그러나 '구舊 식민지 민족에게 국적 선택권을 부여해라'라고 하는 것이 반드시 '일본국적 취득'을 인도하는 것은 아니다. 국적 선택 결과 한국·조선 국적을 선택하는 자도 있기 때문이다. '재일' 코리언이 권리로서 요구하고 있는 것은 일본 국적이 아니고 국적 선택권이라는 것을 유의할 필요가 있다.

또 '사실적인 일본 국적 조선인 증가'라는 현상을 단편적으로 '방법으로서의 일본 국적 취득'에 연결시키는 것도 위험하다. '일본 국적을 가진다는 것'과 '일본 국적을 취득하는 것'은 처음부터 구별하지 않으면 안 되기 때문이다. 게다가 '방법으로서 일본 국적 취득'은 어느 정도 적극적 요소가 보이기는 하지만 결국 '국적 조항'의 용인容認으로 연결되고 한국·조선 국적 코리언에 대한 제도적 차별을 온존시키는 결과가 된다.

불행과 몰락의 일보

이러한 문제점을 고려하면서 '권리로서의 일본 국적 취득'에 대해서는 더 한층 신중한 검토가 필요하다. 그러나 그에 앞서 '재일' 코리언에게 국적이 어떤 의미를 가지는가를 다시 한 번 음미하지 않으면 안 된다고 생각한다.

처음부터 '재일' 코리언이 일본에 귀화하지 않고 한국·조선 국적에 고집하는 것은 어째서인가. 이 물음에 대해 많은 '재일' 코리언 1세에게 얻어지는 일반적 회답은 '일본 국적을 취득해도 결국 민족문제 해결로 연결되지 않기 때문'이라는 것이다.

그들의 대부분은 가령 귀화한다고 하더라도 '일본인들은 우리들을 동료로 받아들이려 하지 않는다'라고 논하고 귀화자가 걷는 비참한 운명에 대해 다음과 같은 말로 피력했다.

> 귀화의 길을 선택한 동포의 많은 사람들이 눈물을 흘리고 있듯이 동화, 귀화의 길은 개개인의 불행과 민족 몰락의 일보 직전에 있다고 저는 생각하지 않을 수 없습니다.

또한 '재일' 2세 교육학자인 윤건차尹健次는 일본국적을 취득해서 조선계 일본인으로 사는 어려움을 다음과 같이 서술하고 있다.

> '민족'과 '국가'를 분리한 조선계 일본인(일본국적)으로 살아야 한다는 논리가 형성되는 것은 승복할 수 없는 점이 있다. 조선인이라는 것을 의식하는가 의식하지 않는가에 상관없이 이미 일본인 측에 가까이 다가가 있고 조선인이 지금 민족적 주체성 상실에 의한 '동화·귀화'의 벼랑 끝에 서 있게 되었다. 게다가 일본사회는 경제적으

로 세계적 규모에 이르렀음에도 불구하고 전후 일관하여 일본인뿐만 아니라 '재일' 조선인을 한없이 일본국가의 틀 안에 수렴시켜 왔다. 일본이 다多민족 사회를 인정하지 않는 현실에서는 조선계 일본인이 존립할 여지가 없고 사실 많은 귀화 조선인이 민족명, 생활양식 등에 있어 '조선'을 감추지 않는 한 일본에서 살아가기 어려운 구조 안에 위치해 있다.

실제 1960년대에 귀화자의 고충을 노트에 적고 분신자살한 와세다대학早稻田大學 학생 야마무라 마사아키山村政明가 남긴 기록은 그 설명에 일종의 설득성을 부여했다.

'재일' 코리언의 여러 가지문제를 정열적으로 다루어온 르포라이터 김일면은 야마무라의 자살에 대해 다음과 같이 말하고 있다.

> 귀화자 재일 2세인 와세다대학 학생 야마무라 마사아키가 '귀화 일본인'이라는 딜레마를 한 몸에 안고 고심한 끝에 분신자살을 감행했다. 이 사건은 귀화자의 가슴에 충격을 주었음에 틀림없다.

그들의 이러한 설명은 한국 · 조선 국적 코리언 귀화자에 대한 애처로움과 함께, 귀화행위에 대한 일종의 거부감조차 풍기게 되었다. 그들에 의하면 귀화는 '재일' 코리언의 민족적 고뇌를 해결하기는커녕 더 한층 문제를 복잡하게 할 뿐이다. 귀화를 해서 일본 사회 뿐만 아니라 '재일' 사회로부터도 고립할 정도라며 한국 · 조선국적인 채로가 낫다는 것이 그들의 설명이다.

'재일'은 소멸한다

그렇다고는 하지만 이런 생각들은 일본에 귀화하지 않았던 이유이고 일본에서 한국·조선국적을 유지하는 적극적인 이유는 아니다. 재일코리언이 한국·조선 국적을 견지하는 적극적 의의는 어떤 방식으로 물어져 왔던 것일까.

원래 '재일' 코리언 사회에서는 '한국·조선 국적을 갖지 않는 자는 재일코리언이 아니다'라는 풍조가 있었다. 그들 대부분은 '일본에서 귀화자 증가가 재일코리언의 소멸을 유발한다'라는 사고방식을 가져왔었다. 이러한 '재일' 코리언의 생각은 '재일' 코리언은 멀지 않은 장래에 소멸할 것이라고 예견한 일본인까지 나왔다. '이대로 가면 재일한국·조선국적은 매년 1만 명씩 줄어간다. 수십 년 안에 거의 제로가 된다'는 것이다.

일본 매스컴도 '귀화자 수가 90년까지 5천명을 전후로 했던 것이 92년에는 7천명으로 급증, 93년에는 7천697명에 달했다.(중략) '재일'의 숫자는 65만 명 전후로 추정되므로 이 추세로 가면 21세기 중반에는 '재일'은 거의 소멸한다'라고 분석 '재일' 코리언의 장래를 걱정했다.

'국적'이야말로 최후 보루

국적과 민족을 불가결한 속성으로 보는 이 견해가 '재일' 사회에서 지지된 배경에는 민족명과 모국어 등 민족성을 잃어가고 있는 '재일'코리언 2세·3세를 우려하는 '재일'코리언 1세의 고뇌가 엿보인다.

예를 들면 역사학자 강재언姜在彦 씨는 '재일'코리언이 한국·조선 국적을 유지하는 의미에 대해 다음과 같이 말하고 있다.

재일동포 일본출생 세대 대다수가 이미 언어생활 문화 등 민족적 특성을 잃었어도 겨우 국적 하나를 민족적 아이덴티티의 거점으로 하고 있다. 바꾸어 말하자면 '국적'이야말로 '재일' 동포가 일본 '단일 민족'에 흡수되는 동화로부터 민족적 아이덴티티를 지키는 최후의 보루이고 1세가 지켜온 귀중한 유산인 것이다.

강재언 씨는 언어나 생활·문화 등 민족적 특성을 잃어 가는 현재의 '재일'코리언 2세·3세에게 있어서 한국·조선국적 유지가 최후의 민족적 보루라고 말한다.

그러나 이러한 표현이 귀화한 일본국적 코리언을 '민족의 이탈자'로 몰아가는 것도 부정할 수 없다.

'재일' 사회에는 아직도 일본국적 취득에 대한 뿌리깊은 저항감이 있는 것이 사실이다. 그러나 귀화나 국제결혼에 의해 출생한 일본국적 조선인 중에서 '재일'코리언으로서의 삶의 방법을 모색하는 자가 증가하는 요즘 민족=국적이라는 논리를 내세우는 국적절대론에는 재검토가 필요할 것이다.

지금 비로소 20만에 가까운 귀화자와 증가 추세에 있는 혼혈
아를 시야에 넣은 새로운 '재일' 논리가 요청되고 있는 것이다.

3 참정권을 둘러싼 논쟁

역사적 필연

80년대 후반부터 두드러지게 나타난 '일본국적 취득론'이 일
본국적을 취득해도 민족적인 삶의 방법을 추구하는 운동이었다고
본다면 90년대에 들어서 고양된 참정권운동은 '일본국적 취득론'
과는 대조적으로 한국·조선국적을 유지한 채로 일본인과 평등한
'정치적 권리'를 획득하려고 한 것이라 할 수 있다.

원래 근대 유럽에 있어서의 시민권은 시민사회 성숙 과정에서
얻어진 것이며 세 가지의 유형이 있었다고 한다.

그 첫번째 유형은 18세기에 얻어진 언론, 사상, 신앙 등의 자유
를 보장한 '공민적 권리' 그리고 두번째 유형은 19세기에 인정받
은 정치권력 행사에 참가하는 권리 즉 '참정권(정치적 권리)' 세번
째 유형은 20세기에 들어와서 실현된 교육과 사회복지 혜택을 누
릴 수 있는 권리 즉 '사회적 권리'이다.

근대유럽에 있어서 시민사회는 이러한 권리에서 배제되어 온
사람들이 일부 특권계급 및 권위주의적인 정부와 투쟁하면서 하
나하나 권리를 획득한 결과 만들어져 온 것이다.

그런데 8·15해방 후 반세기의 거주경력을 지닌 '재일'코리언의 경우 '공민적 권리'와 '사회적 권리' 일부는 인정받으면서도 아직 '참정권'에 대해서는 인정받지 못하고 있다. 즉 시민으로서의 권리 획득 순서가 뒤바뀌어진 것 자체에 문제가 내포되어 있음을 알 수 있다.

위와 같이 말할 수 있는 것은 서구 유럽에서는 소수 민족이 민족교육을 받을 수 있는 권리와 그들에게도 장애자 연금 적용 등 '사회적 권리'는 정치적 권리가 획득되고 나서 비로소 보장된 것이기 때문이다.

따라서 '재일'코리언 다수가 보다 충실한 사회적 권리를 향유하기 위해서는 스스로의 생활 기반인 각자의 지방에서 주민의 한 사람으로서 정치에 참가하고 싶은 것은 지극히 당연한 것이라 할 수 있을 것이다. 참정권 획득 투쟁은 '재일'코리언 생활개선 욕구에서 필연적으로 생겨난 역사적 산물인 것이다.

우선 '공민권 권리'나 '사회적 권리'의 획득에 대해서 '재일'코리언 내부에서도 이의를 제기하는 사람은 없지만 '정치적 권리＝참정권' 획득에 대해서는 '재일'코리언 지식인과 민족조직 내부에서도 의견은 갈라져 있다.

우선 ① '재일'코리언에게 있어서 참정권은 필요한가 필요치 않은가. ②필요하다고 할 경우 그것은 본국에도 요구해야 하는 것인가 아니면 일본에 요구해야 하는가. ③일본에 참정권을 요구할 경우 그것은 국정레벨까지 시야에 넣을 것인가 혹은 지방참정권

에 범위를 한정한 것인가 등등 실로 이 운동에 따르는 논쟁은 다기
多岐에 걸쳐있다.

본 장에서는 이러한 논쟁을 정리해 '재일' 코리언의 삶의 방법
에 있어서의 참정권 운동이 가진 의미에 대해서 다시 한 번 생각해
보기로 한다.

동화 시스템을 방치해버린 위험성

먼저 첫번째 논쟁 '재일코리언에 있어서 참정권은 필요한가
필요치 않는가'와 두번째 논쟁 '필요할 경우 그것은 본국에 요구
해야 하는가 그렇지 않으면 일본에 요구해야 하는가'에 대한 주장
을 검토해 보기로 한다.

이 두 개 논점은 서로 이질적으로 보이지만 실은 꽤 동질성을
가진 것이다. 예를 들면 참정권 획득에 반대하는 태도를 가진 조총
련은 다음과 같은 '재일' 코리언 참정권 획득 운동의 위험성을 지
적하고 있다.

①참정권 획득 운동은 '재일' 동포에게 '일본주민의식'과 '선거
민 의식'을 심어 동화와 귀화를 촉진한다. ②참정권 획득은 '어떤 정
당을 지지하는가. (중략) 누구에게 투표할 것인가' 등 의견 분열을 유
발하여 결과적으로 '재일' 동포의 민족적 단결을 붕괴시키고 동포를
분열시킨다. ③참정권 행사는 지금까지 초당파적으로 구축해 온 조
일朝·日 양 국민 우호 친선에 화근을 불러일으킬 수가 있다.

일본에 대해 참정권 획득에 대한 이러한 조총련의 위구危懼는 이미 한국 측에서도 지적된 바가 있다. ①에 대해서 류고쿠대학龍谷大學 교수로 국제법 학자인 김동훈金東勳 씨도 자신의 저서에서 다음과 같은 걱정을 토로하고 있다.

'재일' 한국·조선인이 민족성을 유지하고 표현할 수 있는 사회를 만들기도 이전에 참정권을 획득한다고 해도 그 의의는 반감해 버릴 것이다. (중략) 마조리티Majority인 일본 '국민'인 주민들과 외국인 주민이 서로 차이를 인정하면서 공생한다는 의식을 밑바탕으로 하는 지역사회를 만드는 것 그것이 참정권 운동에 앞서서 혹은 동시 병행적으로 이루어지지 않으면 안 되는 것이다.

김동훈 씨는 '재일' 코리언의 민족성을 부정하는 일본사회 동화 시스템을 방치한 채로 참정권 획득의 위험성을 기술하고 있지만 이러한 걱정의 배후에는 역시 참정권 획득이 '재일' 코리언 동화에 박차를 가한다는 의식이 깊게 자리잡고 있다는 것을 지적해 두지 않으면 안 될 것이다.

다양성을 어떻게 인정할까

'재일' 코리언 1세가 이러한 의식을 강하게 갖는 것은 어째서일까. 아마도 일본 식민지 지배 하에서 '재일' 코리언에 부여되었던 참정권이 결국 일본의 황민皇民화 정책인 '사탕과 채찍' 수단으로 이용된 것에 대한 역사적 성찰이 있기 때문인 것은 아닐까.

그러나 오늘날 '재일' 코리언이 희망하는 것은 국적 차이를 인정받은 후 일본국적 주민과 평등하게 참정권 행사에 참여하는 것이다.

또 조총련은 참정권 운동이 '재일' 코리언의 일본 귀화를 촉진한다고 분석하고 있지만 이것은 오히려 그 반대인 것으로 보여진다.

즉 참정권이 없는 한국·조선국적 코리언에게 가장 간단하게 참정권을 손에 넣을 수 있는 방법(지금 상태에서는 일본국적을 취득하는 것)은 귀화하는 것이기 때문이다. 아마도 그 때문에 귀화를 선택한 '재일' 코리언도 적지 않을 것이다. 가령 한국·조선 국적인 채로 참정권을 손에 넣을 수 있다면 적어도 이러한 사람에 대해서는 귀화를 막을 수 있었을 것이다.

물론 이것은 일본국적을 취득한 '재일' 코리언을 문제시하고 있는 것은 아니다. 사실은 참정권을 획득하기 위해서는 귀화하지 않으면 안 되는 일본 제도가 문제되는 것이다.

②나 ③에 대해서는 결국 개인의 '공민적 권리'와 조직의 '정치적 입장'을 동일시 하는가 하지 않는가 라는 문제에 귀착된다. 개인=전체라는 입장을 취하는 사회주의 국가에서는 이러한 사고는 정당성을 가질 수 있을지 모르지만 적어도 개인의 사상, 신앙, 언론의 자유 등 '공민적 권리'를 존중하는 시민사회에서는 개인이 어느 지방의 어느 정당을 지지하든지 자유인 것이다.

따라서 다양한 사고를 가진 '재일' 코리언도 그 사람 본인 의사에 의해 지지정당이 다른 것은 당연한 것이고 이러한 다양성을 인정하는 것이 한·일과 조·일의 양쪽의 사회에 요구되어지고 있다고 말할 수 있다.

참정권은 본국에서 행사해야 하는가

그런데 조총련이 일본에서 '재일'코리언 참정권을 부정하는 진정한 이유는 재외 공민인 '재일'코리언에게 그들의 본국인 북한 참정권이 부여되어 있다는(표면상이지만) 방침 때문이다.

바꾸어 말하자면 참정권은 일본에서 행사하는 것이 아니고 본국에서 행사해야 한다는 해석이 여기에 관통하고 있는 것이다.

사실 북한 정부는 한국·조선 국적인 자는 물론 한국 국적인 자도 선거 때에 북한에 체재하고 있으면 투표할 권리를 부여한다. 또 '재일'코리언 피선거권에 대해서도 북한 정부는 인정하고 있고, 5년에 한번 최고인민회의 선거에서 몇 명의 '재일'코리언이 당선되고 있다고 한다. 한국측에서도 이러한 북측 생각과 기본적으로 동일한 입장을 취해 왔다.

'재일'코리언 중 이 분야에서 활발한 언론활동을 펼쳐왔던 것은 김경득金敬得 변호사다. 김 변호사도 최근에는 '국정 참정권은 본국에서 지방 참정권은 일본에서'라는 슬로건을 내걸게 되었지만 이전에는 '지역 주민으로서 지방참정권을 요구하기 전에 코리언인 경우는 한국 정부에 국정 참정권을 요구해야 한다'라는 논진論陣을 펴왔다.

그가 '한국에서 선거권'에 대해 관심을 갖는 것은 국적을 가지고 적극적으로 살아갈 수 없는 3세·4세에게 국민의식을 높임과 '(일본에서의) 참정권 요구는 50년 100년 후 달성을 전망한 차세대 과제'라는 정치적 판단이 있기 때문이다.

　그렇다면 한국에서는 '재일'코리언의 본국 참정권을 어떻게 취급하고 있을까. 의외로 대통령 선거나 국회의원 피선거권에 대해서는 해외에 거주하는 재외 교포에게도 인정하고 있다. 실재로 과거에 '재일'코리언 중에서 입후보하여 국회의원에 당선된 사람도 있다. 그렇지만 선거권에 대해서는 결론적으로 말하자면 인정하고 있지 않다. 한국 법률에는 선거인 명부에 등록되어 있는 것이 선거권 조건인데 이것은 '재일'코리언이 갖고 있지 않은 주민등록을 바탕으로 작성하기 때문이다.

생활기반이 있는 일본에서 참정권을

　여하튼 양자 생각에 차이는 보이고 있지만 본국에 참정권을 요구한다는 점에서는 일치하고 있다. 문제는 이러한 생각이 '재일'코리언의 여론을 반영하고 있는가라는 점에 있다.

　한국 청년회가 '재일'코리언 젊은 세대를 대상으로 실시한 의식조사에서는 '일본 국정참가와 한국 국정참가 중 어느 쪽인가 한 쪽을 선택하라고 한다면 어느 쪽을 선택하시겠습니까'라는 질문에 대해 60% 가까이의 '재일'코리언이 '일본 국정참가를 선택'이라고 대답하고 있다.

그것에 비해 '한국 국정참가를 선택' 한다고 대답한 사람은 전체의 8%에 지나지 않는다. 이 조사에만 한정한다면 '재일'코리언 대부분은 본국 참정권보다는 생활기반을 가지고 있는 일본 참정권 취득을 원하고 있다고 볼 수 있다. 이러한 현상을 고려한다면 본국에 참정권을 요구한다는 생각은 유감스럽게도 '재일'코리언 여론을 반영하고 있지 않다는 것이고, 만약 한국이 '재일'코리언에게 선거권을 부여한다고 해도 이미 참정권을 부여하고 있는 북한의 실정을 보는 한 일부 민족 단체의 유력자가 활용할 뿐 대다수 사람들은 관심도 갖지 않고 포기해 버릴 가능성도 있다.

흔들리는 '국민' 개념

제3의 논점인 '일본에 참정권을 요구할 경우 그것은 국정 참정권까지 확대한 것인가 그렇지 않으면 지방 참정권 획득에 한정하는가'로 옮겨보자. 이 분야 즉 국정 참정권 획득을 적극적으로 주장해 온 것은 '재일당' 당수 이영화李英和 씨다.

그가 지방에 그치지 않고 국정참정권을 요구하는 근거는 다음과 같은 생각이 밑바탕에 깔려있다. 우선 '재일'코리언은 일본 식민지 하에서 국정을 포함한 참정권이 부여되어 있었고 '이 기득권은 재일코리언이 일본에 계속 거주하는 한 전후도 당연히 보장되어야 한다'는 입장이다.

게다가 국정 참정권은 '국민' 고유 권리라고 말하지만 최근 대규모 인구 이동과 함께 이 '국민' 개념은 크게 흔들리고 있다. 따라서 '국정 참정권 자격을 국적으로 한정한 선거권 제도는 다시 검토되어야 하며 재일코리언은 일본 정부에 국정 참정권을 요구할 권리가 있다'고 그는 말하고 있다.

전략적 인권 옹호 운동

한편 지방참정권에 한정한 참정권획득 운동을 선도해 온 논자論者가 모모야마 가쿠인桃山學院 대학의 서용달徐龍達 씨다.

서씨는 '국민' 개념 재검토와 확대를 주장하면서도 참정권 타깃을 지방에 한정해 왔다. 그는 지방자치제 행정은 그 지방에 사는 사람들이 그 도都·도道·부府·현縣·시市·정町·촌村의 운명을 결정할 수 있다고 정한다. 여기서 주민이라는 것은 '국적'에 의해 정해지는 것이 아니고 그 지방에서 '그 지방을 구성하는 주민'인 가 아닌가가 중요하다고 주장한다. 게다가 지방 참정권은 '지방 자치제라는 정치적 결정을 따르지 않을 수 없는 사회 구성원인 정주 외국인 개인에 대해서도 평등하게 보장되지 않으면 안 된다'라고 서술하고 '전략적 인권 옹호운동' 일환으로서 지방참정권 획득을 제창해 왔다.

서씨는 국정 참정권 획득에 대한 명확한 비판을 전개하고 있지는 않지만 그가 참정권 운동을 지방에 한정하는 이유는 아마도 일본사회의 폐쇄성과 과거 운동을 답습한 '우선 지방에서부터'라는 운동을 우선한 전략론에 근거를 둔 것으로 생각되어진다.

이영화 씨의 이 논리는 논리성도 있고 일본 일부 지식인에게 영향을 미치고 있지만 여전히 존재하는 일본 보수적인 정치가나 지식계층으로부터 여러 저항이 예상된다. 예를 들면 한·일 관계에서 마찰이 생겼을 때 '국익을 대표하는 입장에 선 재일코리언 국회의원은 과연 어느 쪽 국익을 우선할까'라는 외교적인 것 그리고 국방에 관한 문제와 '재일코리언이 일본 국정참정권을 요구한다면 재한 일본인에게도 한국 선거권을 부여해라'라는 '상호주의' 사상이 앞에 버티고 있는 것은 당연한 것이 된다.

강함과 약함의 병존並存

'재일' 외국인 참정권을 둘러싸고 일본사회는 지금 크게 흔들리고 있다. '재일'코리언 사이에서 시민적 권리획득 운동 일환으로서 참정권 취득 문제가 부상한 지 10년이다. 참정권 취득 운동은 외교 현안으로서 한국과 북한의 정치가들을 끌어들인 국제적 운동으로까지 발전하고 있다.

'재일'코리언이 제창한 논쟁과 운동이 이 정도로 활성화를 이루게 된 것은 아마 80년대에 들어서면서 대중운동화한 지문날인 반대운동일 것이다.

참정권 취득운동과 지문날인 반대운동을 단순히 비교할 수는 없지만 이 두 운동의 공통점은 소수 '재일'코리언에 의한 선거 출마운동과 법정 투쟁 등 몇 군데 지방에서 나타난 개인의 운동이 커다란 파도가 되어 민족 조직과 조직단체를 끌어들인 커다란 운동으로 발전해 왔다는 '아래로부터 생겨난 시민운동'적인 성격에 있다고 볼 수 있다.

바꾸어 말하면 어느 특정한 민족 조직이나 단체가 상부의 의사 결정에 의해 결정된 운동과제를 위로부터의 명령에 의해 대중 운동화된 것이 아니라는 것이 이 운동의 커다란 특징이다.

그렇기 때문에 이 운동은 결코 가벼운 운동이 아니다. 그러나 또 그렇기 때문에 이 운동의 강함과 약함이 병존하고 있음을 말할 수 있지 않을까 싶다.

그렇다면 '이 운동의 강함이라고 하는 것은 무엇인가'를 보기로 하자. 종래 '재일' 운동에서 보인 민족조직 주도형 운동 즉 조직 상부층 의사 결정에 의해 운동이 주도되었기 때문에 어떤 정치 역학에서 일단 그 운동 전개가 벽에 부딪히면 바로 그 운동은 생명력을 잃고 마침내는 물거품이 되어버리는 경우가 많았다.

그러나 이 운동처럼 개인의 운동을 모체로 확산된 운동은 어떤 정치성이 작용해 하나의 조직이나 단체가 철회한다고 하더라도 간단히 끝나지 않는 끈질김을 가지고 있다.

따라서 가령 어떤 민족 단체가 정치적 영향력을 행사하여 참정권 운동에 압력을 넣으려 해도 그것은 헛된 것이 아니다. 이 말은 이미 참정권 획득 운동은 하나의 민족 단체가 도저히 감당할 수 없는 '힘'과 '확대성'을 내포하고 있었기 때문인 것이다.

그 증거로 '재일' 코리언이 벌인 다양한 참정권 운동이 폐쇄적인 일본사회에 변화를 주고 있다고 말할 수 있다. 그 동안의 일본사회 변화를 개관해 본다면 다음과 같은 성과를 들 수 있을 것이다.

폐쇄적인 마음의 문을 어떻게 돌파할 것인가

우선 민단을 중심으로 전국 지방 의회에서의 진정陳情활동은 많은 공감을 불러일으켰다. 지금까지 지방의회에서 정주 외국인 지방참정권을 요구하는 의견서와 결의가 1천383건 채택되었다. 그리고 몇 개 당黨에서 정주 외국인 입장이 인정되게 되었다. 또 정주외국인 지방선거 참가 가부可否를 둘러싼 여론 조사에서 참가 용인이 반대 의견을 크게 압도한 것(94년 3월 아사히朝日신문 조사에서는 찬성이 47%, 반대가 41%이고, 또 94년 6월 마이니치每日신문 조사에서는 찬성이 61%, 반대가 23% 였다)이다.

게다가 결정적인 것은 1998년 2월 최고 재판소에서 '지방 자치단체 선거에서 정주 외국인에게 선거권을 부여하는 것은 현행 헌법에도 금지되어 있지 않다' 라는 판결이 내려졌다는 것이다.

특히 이 최고 재판소 판결은 입법조치를 국회에 촉진했다는 의미에서 정주 외국인 지방참정권 운동을 한 발 내딛게 했다고 할 수 있다. 그렇지만 '재일' 코리언이 지방참정권을 획득하기까지에는 아직 풀어야 할 과제가 많다.

최고 재판소 판결의 영향으로 국회에서는 민주당과 공명당 내부에서 정주 외국인 지방선거 참가여부에 대한 논쟁이 일어났지만 아직 과거와 마찬가지로 자민당내 일부 의원이 제기하는 신중론愼重論에 의해 보류된 상태다.

'재일' 코리언이 참정권은 획득할 수 있는가 어떤가는 최종적인 결정권를 쥔 일본인 의원들의 폐쇄적인 마음의 문을 어떻게 돌파하는가에 걸려있다.

4 귀속에 대한 저항

소수민족인가 그렇지 않으면 국가인가.

'재일' 코리언의 미래를 논할 때 1세들이 그들의 뇌리에 새겨져 있는 구습적인 민족의식에서 일단 거리를 두고 '재일' 사회 혹은 '재일' 젊은 세대 행동양식을 좀더 동태화動態化해서 받아들일 수 있는 방법은 없는 것일까.

그런 의미에서 과거의 전통적인 민족이론 위에 소수민족의 가변성을 중시한 에스니시티(동족)론은 금후 '재일'론을 구축하는데 있어서 하나의 힌트를 주는 것은 아닐까.

소위 말하는 전통적인 민족이론은 언어, 종교, 신체적 특성, 생활양식, 식생활의 관습 등 공통된 객관적 속성을 공유하고 있는 사람들을 특정한 민족으로서 범주화해 왔다.

이 규정에 따른다면, 코리언은 한국어를 유창하게 다루고 유교사상을 신봉하며 사각형에 가까운 얼굴에 조상을 공양하는 엄격한 제사를 가정의 관습으로 실천, 김치나 된장찌개의 조선 요리를 상식常食하는 사람들이라 볼 수 있다.

일본적 가치관에 물들고 일본인과 같은 얼굴을 하고 한국어를 말할 수 없고 한국 요리를 거의 먹지 않는 '재일' 코리언 3세 ·

4세가 이러한 전통적인 한국인 상像에서 일탈하고 있는 것은 분명하다.

그러나 '재일'코리언 대부분은 이러한 객관적 속성을 상실하면서도 주관적 속성인 민족적 귀속 의식을(공통의 출자나 민족명 등의 문화적 아이덴티티) 보유하려고 힘쓰고 있다.

이러한 민족·마이너리티의 동적動的인 프로세스를 에스니시티로서 받아들인다면 '재일'코리언은 '민족'이라기보다는 '에스니시티'로 표현하는 편이 나을지도 모른다.

이러한 에스니스티 이론을 이용한다면 '재일'코리언이 일본에 동화하면서도 일본인이 될 수 없고 전통적인 한국인이라고도 말할 수 없는 양자의 중간에서 흔들리는 동적인 경계인이라고 할 수 있다. 그들을 일본 국민에 통합시키려고 하는 국민 통합론의 대상이 아니고 그들이 일본사회에서 어떻게 변질되어 단일민족 사회를 해체할 수 있는 이질적인 존재로써 살 수 있는가 하는 말하자면 '다민족 사회를 구축하는 담당자'로써 자리매김할 수도 있지 않을까.

양태호 씨는 '재일'코리언을 '일본인도 아니고 실질적인 외국인도 아닌 애매한 존재'라고 받아들이고 있지만 이 '귀속에 대한 저항'이야말로 이문화異文化, 이민족異民族에 폐쇄적인 일본사회를 변혁할 담당자가 될 수 있는 가능성을 가지고 있는 것은 아닐까.

물론 이러한 견해는 '재일'코리언 사회 내부에도 많은 이론異論이 있다. '재일' 2세이자 작가인 김석범金石範은 재일 조선인은 (중략) 민족적인 것들이 풍화되어 가고 있다. 특히 그것은 2세·3세 경우는 심하고 일본인도 아니고 조선인도 아닌 존재가 된 것이 현실이다. 한마디로 말하자면 그들은 자신의 인간적 존재로서의 아이덴티티를 확신할 수가 없다고 말할 수 있다. 그들이 자기를 확인하기 위해서는 민족적인 자각(아이덴티티)을 일단 자기 자신의 내부에서 찾지 않으면 안 된다.

라고 서술하고 '일본인도 아니고 한국인도 아닌 존재'의 아이덴티티 위기를 호소하고 있다. 또 '재일' 2세 작가 서경식徐京植은 이러한 아이덴티티의 위기를 회피하기 위해 '재일' 코리언의 새로운 세대도 일본속의 민족 그룹이 아니고 '통일된 조국'에 귀속의식을 가진 '국가'의 일원으로서 살아가지 않으면 안 된다고 주장한다.

실제로 에스니스티론을 '재일' 코리언에 적용할 경우에 문제가 전혀 없는 것은 아니다. 원래 에스니스티론은 국가라는 틀 안에서 서로 반발하는 복수 민족을 하나의 국민에 통합하려고 한 60년대 국민 통합론에 대항하는 형태로 생겨난 것이어서 오히려 국가라고 하는 틀 안에서 국민에게 무리하게 통합된 각 민족이 어떻게 분리해 가는가를 이론화하려고 한 것이다.

그런 반면에 에스니스티론은 본래 국민 통합론과 마찬가지로 국민국가 틀 안에서 생겨난 이론이고 '내전'으로서 시작된 민족 분쟁이 국경을 초월해서 발생하기도 하고(국제화의 내전) 초국가적인 시대를 맞이해서 국제적인 민족이동(빈약한 남부의 나라에서 풍요로운 북방의 나라에의 인구이동)이 일상화되어 가는 요즘 반드시 유효한 이론 장치라고는 볼 수 없게 되어가고 있다.

또 '재일'코리언 문제를 다루는데 있어서도 '국민국가의 틀' 안에서 이론을 전개하는 에스니시티론이 그들 활동범위를 일본국가 내부에 매몰시켜 버릴 수 있는 위험성을 갖고 있다고 볼 수 있다.

초국가적 관점

일본인과 결혼에 의해 혼혈이 일어나고 일본인과 융합하면서도 어느 쪽 민족 그룹에도 속한다고 말할 수 없는 새로운 형태의 '재일'코리언이 있다. 자세하게 말하면 국제법 개정에 의해 증가하는 일본국적 코리언, 전후 한국에서 온 노동자들이 늘어나고 가족을 동반하면서 새롭게 형성되는 '재일'코리언 그리고 조국에 유학할 뿐만 아니라 기업 다국적화에 의해 해외(일본이외의 외국)에서 근무하는 것이 많아진 '재일'코리언의 존재를 말한다.

이러한 초국가적인 시대의 '재일'코리언의 삶의 방식에 접근하기 위해서는 종래의 에스니시티론처럼 국민국가 내부의 문제로써 처리하는 것만으로는 불충분하다고 볼 수 있다. 대외 요인으로서 한국과 북한의 규정規定성을 시야에 넣으면서 보다 글로벌한 관점에서 그들의 존재를 논해야 할 것이다.

즉 '재일'코리언의 존재 의의는 ① 그들의 조국(한국 혹은 북한)을 위해 무엇을 할 수 있을까. 또 ② 그들의 생활기반인 일본사회의 변혁을 위해 무엇을 해야 하는가. ③ 한국이나 북한이라는 특정한

국가의 이해관계를 넘어서 동아시아 평화와 안정을 위해 무엇을 할 수 있는가라는 에고로써의 내셔널리즘을 초월한 초국가적 관점에서 재검토되어져야 할 필요가 있다.

지금까지 '재일'코리언 1세가 '재일'로 그 삶을 근거로 했던 ①의 좌표는 자칫하면 에고로써의 내셔널리즘을 유발할 위험성을 내포해 왔고 원래 민족 마이너리티의 공통 이해를 분단국가 한쪽을 대표하는 것에서 찾는 것 자체에도 무리가 있다.

또 '제3의길'에 이론적 근거를 부여해온 ②의 좌표에도 '재일'코리언 운동을 일본이라는 국민국가에 한정해 버릴 위험성도 내포해 왔다. 그 점에서 ③의 좌표는 에고를 초월한 내셔널리즘 창출에 적극적으로 에스니시티의 가치를 발견하는 점에서 새로운 가능성을 가지고 있다고 말할 수 있을 것이다.

다국가 민족 집단으로서 '재일'코리언

그럼 어떻게 생각하면 민족·마이너리티 활동을 에고 내셔널리즘을 뛰어넘는 초국가적 시야에서 다룰 수 있을까.

원래 우리들은 관념적으로는 하나의 민족을 하나의 국가에 연결해서 생각하기는 쉽지만 요즘처럼 민족의 이동이 빈번해지게 되면 단일 민족국가로 존재한다는 것은 불가능한 면이 있다. 사실 대다수의 국가는 복수 민족으로 형성되어 있다.

이 말의 뒷 의미를 읽는다면 대부분의 민족이 세계 여러 곳에 확산한 '다국가 민족'(복수로 흩어져 사는 민족)으로 변화되어 가고 있는 것을 말해주고 있다고 할 수 있다.

한민족도 마찬가지라고 할 수 있다. 대부분의 코리언은 코리언의 생활공간을 한국이나 북한이라는 분단된 두 개의 조국에 한정해 왔지만 현실에 있어서는 어떤 이유에서든 간에 한반도 외부에서 생활기반을 잡은 코리언 세력은 확장되고 있고 한편으로는 한국에 유입하는 외국인 노동자도 급증하고 있다.

재외 코리언에 관한 최근 데이터를 살펴보면 일본에 100만명 (한국국적 45만 명, 조선국적 22만 명, 그 외 일본국적 코리언 총계), 중국에 200만 명, 러시아에 45만 명, 미국에 140만 명에 이르는 코리언이 생활하고 있다고 전해진다.

그들은 국가단위에서 보면 각각의 국가를 구성하는 하나의 소수민족에 지나지 않지만 세계 시스템이라는 틀에서 보면 전 세계에 확산되는 다국가 민족 집단으로서 상호 영향을 주고받으면서 한민족의 일원으로 활동할 수 있는 커다란 가능성을 가지고 있다.

'재일' 코리언을 위와 같이 한민족을 모체로 하는 '다국가 민족 집단'의 하나의 구성요소로서 본다면 그들이 일본국내에서 외교를 전개 일본국외에서 내정에 관여할 수 있는 가능성이 있는 것이다. 다시 말하자면 초 국가간 관계로써 그들의 활동을 보다 글로벌적인 차원에서 받아들이는 것도 가능할 것이다.

그러나 이러한 다국가민족 집단의 이동에 결실을 맺기 위해서는 '재일' 코리언 자신이 다양한 재외 코리언과 협력 관계를 쌓으면서 한국과 북한의 국가이해를 넘어서 동아시아의 평화와 안정을 위해 무엇을 할 수 있는가를 진지하게 모색해 가지 않으면 안 될 것이다.

이런 이론들이 '재일'코리언에 그대로 적용하기에는 많은 문제가 있을 것이다. 그러나 새로운 시대의 '재일'론을 구축하기 위해서는 에스니시티론과 다⁂국가 민족 집단론이 제기한 과제를 지금부터는 '재일'코리언 삶의 방식에 또 하나의 가능성을 부여할 수 있을 것 같다.

종장

'재일' 코리언은 어디로 향하는가
─민족교육의 미래

민족교육이라는 공간

'재일'코리언들은 금후 어떻게 일본사회에서 '민족적'인 삶
을 살 수 있는 길을 개척하려 하고 있을까.

지금까지 '재일'코리언에게 있어서 민족적인 삶을 사는 공간
을 만들기 위한 노력은 민족교육으로 결실을 거두었다고 할 수 있
다. '재일'코리언의 젊은 세대에게 어떤 민족 교육을 실시하면 그
들이 민족적으로 살아갈 수 있을까를 '재일'코리언 구세대는 생
각해 왔던 것이다.

그러나 구세대가 생각해 온 민족 교육이 제시한 삶의 방식이
새로운 신세대의 삶의 방식을 만족시킬 만한 것인가 어떤가는 잘
모르겠다. 본 장에서는 '재일'코리언에 의한 지금까지의 민족 교
육을 검출해 내고 신세대의 삶의 방식을 묻는 민족 교육의 모습에

대해 생각해 보고 싶다.

조선인인 것에 긍지를 가지는 인재로서

아마 '재일' 사회에서 가장 철저한 민족 교육을 실천해 온 것은 조총련 산하의 조선인 학교일 것이다. 1946년 조총련은 조국에 귀국이 곤란하게 된 조선인 활동을 위해 일본 각지에 초등·중등·고등학교를 설립했으며 학교 내에서 사용언어를 조선어로 하는 '(해외공민)교육'을 전개해 왔다.

그 후 민족 교육 폐쇄령(1948년)과 단체 규제령(1949년)등 일본 정부의 엄격한 탄압에도 불구하고 조선청년 산하 민족학교는 계속 팽창하여 현재는 29개의 도道·도都·부府·현縣에 대학1교, 고등학교 12교, 중학교 56교, 초등학교 83교 등을 가지고 있다. 즉 초등학교에서 중학교 고등학교 대학교에 연결되는 민족 간부 육성을 위한 일관 교육 시스템을 완비하고 있는 것이다.

조선학교에서는 '조선인인 것에 긍지를 가진 인재' 육성을 목표로 커리큘럼에는 민족교육을 위한 조선어, 조선역사, 조선지리 학습이 철저하게 실시되고 있다. 일본에서 태어나고 자란 '재일' 조선인 아동의 민족적 소양을 키워왔던 것이다. 또 여학생에게는 민족 옷(치마저고리) 착용이 의무화되고 방과 후 클럽활동에서도 민족무용과 민족악기의 연주 등 민족문화의 습득이 장려되었다.

적어도 일본인 어린이들의 편견과 차별로부터 보호된 공간 안에서 민족명을 쓰며 모국어로 커뮤니케이션을 나누고 민족의 역사를 배우는 등 민족문화에 접하는 점에서 이러한 민족학교는 어떤 의미에서는 '이상적인 민족교육의 장'이었는지도 모른다.

재학생의 감소

그렇지만 오늘날 조선학교에 재적중인 '재일' 조선인 아동은 동포아동 전체의 '1할에도 미치지 않고 그 학생수는 매년 감소하는 경향에 있다'고 한다. 1980년에는 3만 명 이상이었던 재적 학생수가 93년 현재까지는 1만 7천명까지 감소하고 있다.

그 이유를 묻지 않을 수 없다. 여러 가지로 그 이유를 생각할 수 있을 것이다. 우선 조총련 산하의 조선학교가 일본의 학교 교육 제 1조에 인정하는 정규학교로서 인가되어 있지 않기 때문에 지금까지도 거의 장학금 혜택을 받지 못하고 있고 국가가 운영하는 스포츠 경기에도 참가할 수 없다. 그리고 일본의 많은 대학에 대학수험 자격조차 인정받지 못하는 등 일본에 정주 하는데 있어서 교육환경과 진로면에서 일본인의 학교에 비하면 현저하게 불리한 상황에 놓여 있다는 것을 들 수 있다.

게다가 조선 학교 중에서는 북한의 '위대한 지도자 김일성 김정일'이라는 문구와 그들의 초상이 걸려있고 학교행사에도 북한의 국가國歌를 부르는 등 민족교육의 명목으로 집요하게 행해져온 '공화국 해외공민 교화' 교육이 이데올로기 교육에 알레르기를 보인 일부의 보호자의 반발을 부르는 등 조선학교 자체가 가진 문제도 있다.

이러한 '민족교육' = '국민 공민화 교육'이라는 인식은 한국계 민족학교에서도 예외는 아니다. 오사카에 있는 금강학원에서도 한국정부에서 일부 교사를 파견해 학생들은 행사 때마다 한국의 애국가를 제창하는 것이 의무화되어 있다. 이와 같이 조국의 코리언을 민족의 모범으로 하고 국가나 국적을 절대시해 온 민족학교는 '대한민국의 국민화 교육'이라는 민족 교육의 기초를 두어온 것이다.

'일본인도 코리언도 아닌' 삶의 방식

그렇다면 '국민 공민화 교육'의 문제점은 무엇인가. 우선 '국민 공민화 교육'이 조국의 코리언을 '이상적인 민족의 범주'로 결정해 버리는 한 언어, 문화, 생활양식 면에서 '탈 민족화'하고 있는 '재일'코리언은 언제까지나 그들보다도 민족적으로 '열등한 존재'로서 보이게 되는 것이다. '재일'코리언 자신의 민족적인 존재 의의는 거론되지 않고 조국의 한국인 조선인과는 다른 독자적인 삶의 방식도 부정되게 된다.

그러나 민족분쟁이 다발하고 있는 요즘의 다민족 국가의 경우를 보아도 알 수 있듯이 다양한 유형을 가진 제諸 민족 집단을 하나의 국민에 통합하려고 하는 시도는 애초부터 무리가 있다.

'재일'코리언에게는 이미 반세기에 이르는 역사가 있고 그 과정에서 그들의 민족적 특징은 앞에서 논한 것처럼 세대가 변천함에 따라 일본사회의 영향을 받아서 '재일'코리언의 세계도 크게 변질되고 있다. 그 결과 '재일'코리언은 본국의 조선민족과 동일시 할 수 없는 독자의 민족 집단으로 변모했다고도 말할 수 있을 것이다. 그러한 독자성을 가진 그들을 한국과 북한의 국민에 통합하는 즉 본국 사람과 다름없는 존재로 보는 것 자체가 그들의 '재일'성 즉 '일본인도 한국인도 아닌' 에스니시티로서의 오리지낼리티를 해치는 것이 아닐 수 없다.

'재일'코리언은 이제 일본 국민에게도 통합되지 않는 삶의 방법을 찾음과 동시에 본국의 국민에게도 통합되지 않는 새로운 민족 집단으로서의 독자성을 모색해야 하는 단계에 와 있는 것은 아닐까.

민족교육의 과제의 첫번째는 '국민 공민화' 교육으로서의 민족교육의 우수한 측면을 계승하면서 '재일'코리언의 오리지낼리티를 중시한 보다 신선한 민족 교육을 확립해 가지 않으면 안 된다.

속성을 유지하면서 살 수 있는 시스템

'국민 공민화 교육'의 제2의 문제점은 그 대상에 있다고 볼 수 있다. '(국민공민)'이 한국·조선국적을 가진 사람들을 가리키는 한 그 민족교육은 한국·조선국적의 견지를 전제로 해서 행해져 왔다. 그 결과 민족교육의 대상은 한국·조선국적을 가진 '재일' 코리언에 한정되어 17만 명에 이르는 귀화자=일본국적 코리언과 일본인과의 결혼에 의해 태어나는 많은 코리언 재팬이즈(조선계 일본인)가 여기에서 빠지게 된다.

재일 코리언의 민족·심벌	• 혈통 a 동족결혼	d 국제결혼
	• 이름 b 민족명	e 일본명
	• 국적 c 한국·조선국적	f 일본국적

타이프A : abc형 동족결혼에 의해 태어나 민족명을 쓰며, 한국·조선국적을 가진 자
타이프B : aec형 동족결혼에 의해 태어나 일본명을 쓰며, 한국·조선국적을 가진 자
타이프C : dbc형 국제결혼에 의해 태어나 민족명을 쓰며, 한국·조선국적을 가진 자
타이프D : dec형 국제결혼에 의해 태어나 일본명을 쓰며, 한국·조선국적을 가진 자

약 57만 명

타이프E : abf형 동족결혼에 의해 태어나 민족명을 쓰며, 일본국적을 가진 자
타이프F : aef형 동족결혼에 의해 태어나 일본명을 쓰며, 일본국적을 가진 자

17만 명 이상

타이프G : dbf형 국제결혼에 의해 태어나 민족명을 쓰며, 일본국적을 가진 자
타이프H : def형 국제결혼에 의해 태어나 일본명을 쓰며, 일본국적을 가진 자

不明

표7 혈통, 이름, 국적으로 분류한 재일 코리언의 유형

　이것으로는 매년 수만 명 규모로 계속 증가하는 일본국적 코리언과 코리언 재팬이즈 등 다양화해가는 '재일' 코리언의 실정에 대응할 수 없다.

　여기에서 좀 더 일본국적 코리언에 대해서 고찰하기로 한다.

　표에 표시한 것처럼 일본국적 코리언은 대충 말하면 두 개의 타입으로 분류된다. 하나는 귀화 수속을 밟아서 일본국적을 취득한 타입EF, 또 하나는 태어나면서부터 일본국적을 가진 타입 GH이다.

　법무성 출입국관리국의 외국인등록에는 국적이 그 분류기준

이 되기 때문에 한국 · 조선국적을 가진 '재일'코리언 타입(ABCD)은 그 증감의 파악이 가능하다.

그러나 일본국적을 가진 '재일'코리언은 귀화 수속을 밟은 사람만이 데이터에 기록된다. 따라서 귀화수속을 밟아서 일본국적을 취득한 타입 EF는 그 실수實數를 알 수 있지만 태어나면서 일본국적을 가지는 타입GH는 그 실수 파악이 안 된다.

겨우 민족명을 쓰고 있는 타입G는 이름에서 '재일'코리언이라고 판단할 수가 있지만 일본명을 쓰고 있는 타입H는 본인이 '재일'코리언이라고 본인이 신고하지 않는 한 전혀 보이지 않는 존재가 되는 것이다.

80년대 후반까지 매년 5천명 전후였던 한국 · 조선국적자의 일본 귀화자수는 90년대에 들어서 연간 1만 명을 넘는 것은 시간문제라고 한다. 또 연간 1만 8천명에 달하는 한국 · 조선국적의 결혼도 그 7%가 일본인과의 국제결혼이다.

따라서 21세기에 있어서의 '재일'코리언 유형은 동족결혼과 한국 · 조선국적을 고집하는 타입AB가 크게 감소하고 국제결혼을 거쳐 일본국적 취득으로 발전하는 타입GH가 급속히 증가할 것으로 보인다.

여기서 최대의 문제는 현재 경향으로써의 타입GH 중에서 출신을 감춘 채로 일본명을 쓰는 타입H가 그 주류를 이루고 있다는 사실이다. 이대로라면 머지않아 타입H가 '재일'코리언 사회의 압도적 다수를 차지함과 동시에 '재일'코리언은 일본인과 전혀 구별되지 않는 불가시의 존재가 되어버릴 가능성이 있다.

이와 같이 일본국적 코리언과 코리언 재팬이즈의 증가가 예상되는 '재일'의 장래를 전망할 때 민족교육에 문제시 된 새로운 과제는 일본국적 취득의 희망자에 대해서도 일본명이 아니고 민족명과 더블 네임으로 귀화하는 것을 유도하기도 하고 국제결혼에 의해 태어난 코리언 재팬이즈에게도 코리언으로서 무엇인가의 속성을 유지하며 살아갈 수 있는 시스템을 일본사회에 만들어 가야 한다고 생각되어진다.

민족교육의 대상에서 일본국적 코리언을 제외하는 한 '보이지 않는 소수파'라고 할 수 있는 민족적 속성을 상실한 일본적 코리언만이 증가할 것으로 예상된다. '재일' 코리언을 '보이는 소수파'로 존속시키기 위해서는 금후 점점 팽창해 가는 어떤 의미에서 오히려 '재일' 코리언의 주류가 될지도 모르는 일본국적 코리언과 코리언 재팬이즈 시야에 넣은 민족교육의 모습이야말로 되묻지 않으면 안 되는 것이다.

격리교육의 폐해

민단과 조총련 산하의 민족학교의 제3의 문제점은 '격리' 교육에 있다는 것이다. '재일'의 학생들은 일본인 학생으로부터 격리된 환경 속에서 민족교육을 만끽할 수는 있지만 한편으로는 일본인 학생과 우정을 키우고 그들과의 민족 연대를 체험할 기회가 없기 때문에 졸업 후에는 일본사회에의 적응이 곤란하게 되는 경우가 적지 않다. 그들 민족학교의 담당자들은 일본 같은 차별사회에서 '재일' 코리언이 '동화' 해 버리는 것보다 '재일' 코리언은 일본인에게 분리된 환경 속에서 철저한 민족 교육을 전개해야 한다고 생각했던 것이다.

필자는 민족 교육은 이러한 '격리' 교육이 아니고 일본인과 섞인 '공생' 교육이라는 형태로 실시되어야 한다고 생각하고 있다. 왜냐하면 '재일' 코리언이 일본명을 쓰고 출신을 감추는 것은 자기 자신이 '재일' 코리언이라는 입장에 자신을 갖지 못하는 내적 요인이 있고 게다가 외적요인 즉 일본인과의 비정상적인 관계성에 크게 좌우되고 있기 때문이다.

조선학교에 있어서의 격리 교육은 내적 요인을 해결할 수는 있어도 일본학교에서 상식화되어 있는 민족 차별이라는 외적 요인에 대한 저항력을 키울 수가 없기 때문이다.

또 무엇보다도 '재일' 코리언이 격리 교육을 받는 한 그들을 둘러싼 일본인의 의식개혁은 이루어질 수가 없는 것이다. 문제는 '재일' 코리언 아이들이 일본인 앞에서 자신들의 출신을 감추지 않는 자세를 함양함과 동시에 그것을 받아들이는 일본인 학생의 이異문화 이해를 심화시켜가지 않으면 결국 '재일' 코리언이 살아가야 하는 일본사회는 바뀌지 않는다는 것이다.

따라서 민족교육의 또 하나의 과제는 '재일' 코리언의 삶에 커다란 영향을 미치고 있는 초 · 중 · 고등학교의 일본인 교사 및 일본인 아동에 대한 이異문화 교육은 다多문화 교육에 있다고 생각되어진다.

물론 일본의 공립학교에서 민족교육이 없었던 것은 아니다. '재일' 코리언이 많이 거주하는 오사카시에서는 현재 49개의 초 · 중학교에서 민족학교가 운영되고 '재일' 코리언 자제에 대해서도 '재일' 코리언의 민족강사에 의한 민족교육이 실천되어 오고 있다.

즉 민족교육의 목적도 ①일본인의 편견인 한국 · 조선관을 시정해 일본인에게 '재일' 코리언의 역사 및 사회상황을 알리고 ② '재일' 코리언의 어린이들이 자신의 출신을 숨기지 않고 자신들의 민족과 나라에 긍지를 가지도록 한다. ③일본인도 한국 · 조선인이 서로의 인권을 존중하는 환경을 만들자는 세 가지에 있다고 본다.

즉 여기서 말하는 재일코리언 민족 교육은 재일코리언 자신이 잃어버린 민족성을 회복함과 동시에 일본인의 이(異)문화 이해를 촉진시켜 양자의 공생을 실현하려고 하는 점에서 일본인을 시야에 넣은 민족교육이 지향되고 있는 것이다.

현장에 맡김

하지만 현실에 있어서는 '재일' 코리언 강사에 의한 '재일' 코리언 아동의 격리된 민족학교와 민족클럽 활동이 우선되었던 것을 지적했다. 그러는 한편 일본의 어린이들에게 '재일' 코리언이 놓여 진 역사 사회상황을 계몽하며 '재일'의 어린이들에게 본명을 사용하며 민족적 출신을 밝히고 살아갈 수 있는 환경을 학교 안에서 만들어 갈 수 있는 일본 학교 전체의 조직화가 경시되어 온 것으로 생각되어진다.

'재일'의 민족단체나 보호자가 '재일'코리언 아동 민족학교의
실태에 대해서 개입하는 일은 있어도 일본인 아동의 다문화 교육의
실태에 대해서는 현장의 일본인 교사의 역량에 맡겨져 버린 점에
있어서는 공생을 목표로 하는 민족 교육에의 함정이었던 것이다.

그렇다고 해서 '재일'코리언 아동의 민족교육이 충분히 이루
어지고 있는가라고 하면 꼭 그렇다고 만은 할 수 없다.

민족학교나 민족클럽은 현재 오사카시와 야오시八尾市를 중심
으로 오사카부府내의 일부의 공립 소·중학교에 설치되었을 뿐(오
사카 부 아래 전체의 80교), 민족학교 클럽 강사에 대한 급여도 낮은
보수이고 신분 보장 면에서도 많은 숙제가 남겨진 채이다. 물론 이
것은 일본의 행정 문제이기도 하다.

확실히 '재일'코리언 보호자에 의한 이러한 민족학교 설치운
동 및 민족 강사에 의한 정열적인 민족교육에 의해 오사카부 안의
많은 '재일'아동이 민족명을 쓰게 되었다고 한다. 그렇지만 대다
수의 '재일'코리언 아동은 아직도 민족명을 쓰지 않고 출신을 감
추고 있는 실정이다.

현대판 '창씨개명'

실제 오사카시 내에서 민족명을 쓰며 통학하는 '재일'코리언
아동은 전체의 15%정도이고 '재일조선인 교육'의 최전선 학교라
고 불리는 야오시내의 T중학교조차도 '재일'코리언 학생 40명 중

에서 본명을 쓰고 있는 학생은 불과 9명이다.(1994년 조사)

민족교육이 보급되었다고 할 수 있는 이 지역에서도 일본인 교사나 민족 강사의 정열적인 민족명사용 지도에도 불구하고 '재일' 코리언 학생의 80%~85%는 일본명을 쓰고 있다.

놀랍게도 필자가 방문한 중학교에서는 베트남에서 최근 일본으로 온 뉴 커머의 어린이 중에서도 일본명을 쓰는 학생이 있었다. 현대판 '창씨개명'은 '재일' 코리언 사회뿐만 아니라 새로운 외국인 노동자의 아동들에게까지 영향을 미치고 있다.

T중학교에서는 '재일' 코리언 청년에 의한 지역운동단체의 협력도 있어 '조선문화 연구활동'을 통해 '재일' 코리언 아동에 대해 열성적인 민족교육이 이루어지고 있지만 그들을 받아들여야 하는 일본인 아동의 교육은 각각의 일본인 현장 교사 역량에만 맡겨져 있다.

인권교육에 정열을 보이는 선생을 만난 학급의 일본인 학생은 의식도 바뀌고 외국국적 아동을 받아들이는 학급 분위기가 생겨나지만 무관심인 교사를 만난 학급에서는 민족명 사용에 저항을 느낀 외국국적 아동이 일본명을 쓰는 채로 방치되고 있는 실정이다.

'재일' 코리언 아동이 자신의 출신을 숨기지 않고 민족명을 당당히 쓰는 학급 환경을 구축하기 위해서는 그들을 받아들이는 일본인 아동의 이異문화 교육과 다多문화 교육을 현재의 일본 공교육 현장에 어떻게 창출해 갈까. 이 문제를 진지하게 고찰하지 않는 한 일본명을 쓰고 출신을 감추며 사는 '재일' 외국인의 아동은 계속 증가해 갈 것이 틀림없다.

다문화 교육으로서의 인권교육의 공功과 죄罪

그렇지만 일본인 아동에게 이異문화 교육 혹은 다문화 교육이라고 하는 것은 도대체 어떤 것을 가리키는 것일까. 라고 하는 질문도 어려운 문제다.

지금까지 일본인 학교에서 이루어져온 이異문화 교육은 대개의 경우 한쪽에만 치우쳐진 인권교육으로 일관되어 왔다. 즉 '재일' 코리언을 일본인의 민족차별에서 해방하고 그들의 잃어버린 민족성을 회복한다고 하는 것이 다문화 교육의 본질이 내재한다고 하는 판단이다.

그러나 이 논리의 기준 속에는 '재일' 코리언은 끊임없이 일본인에게 차별받는 '불쌍한 존재'로 설정되어지고 그 결과 그들은 일본인 아동에게 '동정'의 대상이 된 것이었다.

한편 일본인 아동은 '재일' 코리언을 차별하는 차별자者로서 규정되고 그 결과 그들의 대부분은 죄의식을 가지면서 '재일' 코리언에 대해 무슨 종기라도 만지는 것 같은 기분으로 접하게 된다.

민족 차별의 실태를 듣게 되는 '재일' 코리언 아동들은 차별을 피하기 위해서라도 점점 더 자신의 출신을 감추려하고 일본인 학생은 '재일' 코리언에 대해 '어두운 이미지'를 가지게 된다.

학교 현장에서 '재일' 코리언 아동의 민족적인 삶의 방식이 '민족 차별로부터 자유'라는 차원에서밖에 다루어지지 않는 서글

픈 현실이 여기에 있는 것이다.

그렇지만 이러한 민족차별을 전제로 한 인권 교육이 '재일' 코리언 1세·2세와는 다른 환경에서 자란 3세·4세에게도 '유효한가' 하면 그것도 의문이 남는다.

분명히 1세가 정신적으로 지탱해 온 민족의식이 일본의 식민지 지배 아래에서 이식된 강렬한 반일反日 내셔널리즘이라고 한다면 일본 출생의 2세가 처음으로 민족을 의식한 것은 일본인에게 받는 한국인을 멸시하는 말(언어)이나 취직·결혼·입주 등의 경우에 반듯이 직면하는 민족차별이다. 1세에게도 이러한 피차별 체험은 있지만 일본사회의 차별을 당연한 것으로 알고 자란 1세에게 '일본인' 가면을 쓰고 있는 2세가 싫든 좋든 조선인인 자신을 실감하게 되는 것은 민족 차별이라는 지금까지 보이지 않았던 벽에 부딪히는 순간인 것을 부정할 수 는 없다.

민족교육으로부터의 도피

예를 들어 이것은 '피차별 체험을 통한 민족의식'이라고 부른다면 이미 개관한 '재일' 코리언 1세·2세의 차별철폐 운동에 의해 일본사회의 민족차별이 완화됨에 따라 3세·4세의 '민족의식' = '피차별 체험'을 통한 민족의식은 희박해져 가는 경향에 있다고 볼 수 있다.

예를 들면 제5장에서도 소개했지만 청년회의 조사에서는 피차별 체험의 유무에 대해 '거의 없다'(28%)와 '전혀 없다'(30.5%)

라고 대답 한 사람이 전체의 6할 가까이 있다.(표9)

1. 꽤 많다	2.5%
2. 자주 있다	6.5%
3. 조금은 있다	32.5%
4. 거의 없다	28.0%
5. 전혀 없다	30.5%

표8 출처: 재일 한국청년회 〈제3차 재일 코리언 청년 의식조사: 중간보고서〉 1994년, p.11 '당신은 지금까지 자기 자신이 민족적 차별을 받은 적이 있었습니까?'

이것은 분명히 피차별에 대한 보복 심리로써의 민족의식이 젊은 세대에서는 희박해져 있음을 말해주고 있다. 확실히 반복되는 민족차별 사건을 보면 '재일' 코리언의 젊은 세대에게 민족차별이 아직 뿌리 깊게 남아있기도 하다.

그렇지만 '재일' 코리언에 대한 노골적인 민족차별이 빈번한 시대처럼 피차별 체험을 민족의식의 고양에 연결하는 것은 지금의 젊은 세대에게는 무리가 있다. 따라서 이러한 차별로부터의 역규정되는 즉 수동적인 민족의식에 대체되는 어떤 민족적 아이덴티티를 키울 수 있는 민족교육을 전개하지 않으면 '재일'의 새로운 세대의 민족교육 이탈이 계속될 것으로 생각되어진다.

민족교육의 금후 과제는 이러한 딜레마를 극복하기 위해서는 '반일 내셔널리즘'과 '피차별 체험 결과에 의한 보복적 민족의식'이라는 수동적인 민족의식에 대체되는 민족적 주체성을 어떻게 '재일' 코리언의 새로운 세대로 교육해 갈까라는 점에 있는 것이 아닐까.

여하튼 21세기에 있어서 2세·3세로부터 4세·5세로의 세대
교체기를 맞이하여 재일코리언의 새로운 삶의 방식을 시야에 넣
은 민족교육의 모습이 문제시되고 있고, 지금까지의 경직적인 민
족교육이 다시 검토되어지지 않으면 안 되는 시기에 들어선 것은
틀림없는 사실이다.

국제화된 교실에서 이문화異文化를 배운다.

또 뉴 커머의 증가에 의해 많은 외국국적 아동을 받아들이게
된 일본의 학교도 일본어를 이해하지 못하는 어린이들의 대응조
치에 고심하고 있다. 문부성 조사에서는 일본어 교육이 필요한 외
국국적 아동은 전국에 1만 2천명(1997년 9월 현재) 있다고 발표했
다. 이 숫자는 최근 6년 동안에 약 3배가 된 수치다.

각각의 시市·정町·촌村의 교육위원회는 각 학교에 일본어 지
도원指導員을 파견해 외국국적 아동에 대해 일본어 교육에 전념하
고 있지만 이렇게 함으로써 모국어를 잊어버리는 어린이도 적지
않다. 이러한 상황 속에서 모국어 보장을 하지 않는 일본어 학교
교육에 대한 외국인 보호자의 불만도 높아가고 있다.

일본의 학교 교육은 지금까지 '재일' 코리언 아동에 대해 그들
을 일본인으로 키우는 '동화' 교육을 해왔지만 바야흐로 '민족공
생교육'의 시대를 맞이하여 외국인 어린이들을 한결같이 일본인
으로 키우는 '동화' 교육은 한계에 이르고 있다. 오히려 일본인 어

린이들이 국제화된 교실에서 이 문화를 배우려고 하는 자세가 중
요시되고 있다.

우선 그 첫걸음은 '외국인 이민족'인 '재일' 코리언에 대해 알
려고 하는 것이 아닐까.

저자 후기

　본서는 단순한 문헌연구가 아니다. 필자가 요 10년 동안 300교에 이르는 관서 각 지역의 학교 현장을 직접 찾아 다니며 '재일코리언 교육'의 현장을 시찰하고 여러 민족조직에서 활동하는 '재일'코리언 들과의 대화를 통해서 낳은 것이다.

　특히 제2부와 종장에 대해서는 '재일'코리언 아동교육에 임하는 현장의 선생님들과 함께 한 연구회 모임의 결실이다. 특히 6장은 남북의 이데올로기를 넘어서 갖가지 '재일'의 민족 단체가 개최하는 집회나 회의에 참가하여 그 멤버와 토론을 거친 후 다시 수정하고 보완한 것이다. 제7장과 제1부에 대해서도 고인을 빼면 등장인물 그리고 관계자와 직접 인터뷰를 하고 저서나 논문을 인용한 것이 대부분이다. 따라서 본서는 많은 문헌과의 싸움에 의해 낳은 사고의 산물이라고 하기보다는 필드워크에 근거를 둔 실증연구라는 색채가 강한 작품이다.

　원래 '한반도 정치와 경제'를 전문으로 하는 저자가 '재일'코리언 연구에 발을 들여놓은 것은 내 자신이 '재일' 코리언 3세로서 이 세상에 태어났기 때문이기도 하고 대학의 강단에 서게 된 것으로 '재일' 코리언을 둘러싼 여러 가지 문제 속에 한 · 일 관계 북 · 일 관계의 뒤틀림이 응축되어있는 것은 아닐까라고 생각하게 되었기 때문이다.

그런 것들을 생각하고 있던 나에게 '재일' 코리언에 대해 생각하는 '민족문제론'이라는 강의를 해보지 않겠냐는 제의가 들어왔다. 지금부터 꼭 10년 전의 일이다. 당시는 '재일' 코리언 문제에 관심을 보인 학생은 극소수였고 교실은 한산했던 것을 기억한다. 이 교실을 어떻게든 만원滿員으로 만들고 싶다는 것이 그때의 내 꿈이었다. '무슨 무슨론'이라는 것만으로도 어두운데 '민족문제론'이라고 한다면 뭔가 더 어두운 것 같았다. 이런 이유로 내 싸움은 우선 과목명 변경에서부터 시작되었다. 나는 커리큘럼을 변경할 즈음에서 '민족문제론'을 '민족 스터디'로 바꾸고 한자는 '朴一'로 이름을 쓰던 것을 'PARK IL'로 하고 강의요강에도 영어로 써보았다. 그러자, 이번에는 어떠한가. 지금까지 40~50명밖에 없었던 큰 교실에 한꺼번에 300명이 넘는 학생이 몰려들어 복도까지 넘치는 성황이 벌어졌다. 그때 교실 맨 앞에 앉아있던 학생의 한마디가 잊혀지지가 않는다.

'근데 미국인 선생님은 언제 오십니까?'

이런 일이 있은 후 10년 상황은 많이 바뀌었다. '민족 스터디'는 오사카 시립대학의 명 강의의 하나가 되었고 인기과목의 상위에 랭크되는 강의로 새롭게 태어났다. 그것은 강의 명칭을 바꾸었기 때문이 아니고 朴을 PARK이라고 표기했기 때문도 아니다. '민족 스터디'라는 강의의 내용 자체가 학생들을 불렀던 것이다.

매번 강의에서 다루는 '재일' 코리언의 사는 방법에 학생들은 공감과 반발을 느끼며 그 과정에서 '사람은 무엇을 위해서 사는가'라는 보편적인 물음에 대해 자신 나름대로의 해답을 찾으려고 했었는지도 모른다.

본서에는 그 강의의 에센스가 담겨져 있다.

본서의 제1부에서는 강의에서 다룬 '재일' 코리언의 라이프 히스토리 속에서 '재일' 코리언 1세·2세·3세를 각 시대를 대표하는 인물의 사는 법을 통해 접근을 시도했다.

일본의 식민지 시대에 일본에 건너온 역도산은 스모 선수 프로레슬러로서 '빛나는 일본의 영웅'으로 부추겨져 가는 과정에서 자신의 민족적 출신을 감추고 일본인의 가면을 쓴 채 살아가는 길을 택했었다. 그렇지만 고향을 잊을 수 없었던 그는 두 개의 조국 사이에 끼여 자신의 내면에 감추어진 '조국'을 버릴 수가 없었다. 아마 해방 후 분단이라는 숙명을 안고 일본에 머물 수밖에 없었던 '재일' 1세 중에는 역도산과 같이 일본의 차별 속에서 살았던 것, 그리고 동시에 두 개의 조국 사이에서 흔들리는 경험을 한 사람은 적지 않을 것이다.

한편 전후 출생의 '재일' 2세의 세대에 해당하는 아라이 쇼케는 이러한 '조선인'으로서의 1세의 고뇌로부터 탈피하기 위해 '귀화'에 그 해결의 길을 모색했다. 그러나 그가 '일본인'으로서 출세하면 할수록 일본사회는 그의 혈통과 민족적 출신을 문제 삼았던 것이다. 아무리 그가 '일본인'이 되려고 해도 일본사회는 그가 '일본인'이 되는 것을 허락하지 않았던 것이다. 민족 기피의 수단으로써 '귀화'의 길을 선택한 '재일' 2세 중에는 아라이 쇼케와 똑같은 고통을 맛본 사람이 적지 않을 것이다.

마지막에 '재일' 3세의 세대에 해당하는 손정의는 '귀화'를 민족기피의 수단으로 생각하고 있지 않다. 그는 일본 국적 취득 후에도 '손'이라는 민족명을 쓰며 민족적 출생을 밝히면서 이異 문화에 관용적이지 않는 일본이라는 시스템과 싸우고 있는 것이다.

나는 그들의 삶의 방법 안에 '재일' 코리언의 불우성不遇性을 찾으려고 했던 것은 결코 아니다. 오히려 불우성에 직면해 있으면서 그것을 껴안고 열심히 살아가는 그들의 모습을 될 수 있는 대로 있는 모습 그대로 표현하고 싶었던 것이다. 이 책의 목적은 그들의 삶의 방법 속에서 일본인에게는 보이기 어려운 일본 사회의 또 하나의 단면을 읽으려 하는 것이다.

제2부에서는 '재일' 코리언의 '사는 길'의 의식조사와 논쟁, 해방 후의 민족 운동 등을 통해 부상시키려고 했다.

제5장에서는 '재일' 코리언을 대상으로 한 의식조사를 통해 '재일' 코리언의 젊은 세대가 어떤 식으로 살고 있는가를 데이터에서 읽으려고 했다. 여기서는 '재일 코리언 젊은 세대의 동화가

진행되고 있다'라는 말들을 검증하기 위해 숫자에서 될 수 있는 한 '어떻게 살고 있는가'라는 '재일'코리언의 실상을 이끌어 내려고 애를 썼다. 한편 제7장은 일본에서 살아가는 의미를 묻는 '재일' 지식인에 의한 사상과 철학을 검토하는 것으로 그들의 사는 법의 방향성을 살펴보았다. 이 장에서 묻고 있는 것은 '재일코리언이 어떻게 살고 있는가'가 아니고 '재일코리언이 어떻게 살아가야 하는가'에 있다. 이 물음에 대해 제6장은 지식인뿐만이 아니라 지극히 평범한 '재일'코리언들이 임하고 있는 시민운동에 조명을 비추는 것으로 '재일'코리언의 일반대중의 사는 법을 찾으려고 했다.

분명히 '일본정주 코리언에 의한 시민운동은 현재까지 일본정주 코리언 전체가 지지하는 운동 단계에는 도달하지 못했다'라는 비판도 들린다. 그러나 이러한 비판은 지문날인운동이나 참정권 획득 투쟁을 보아도 알 수 있듯이 '재일'코리언 시민운동을 과소평가하고 있다고 말하지 않을 수 없다. 이 장에서는 오히려 조직(민단·조총련) 그 자체로부터 자율적인 '재일'코리언의 시민운동이 많은 이들의 지지를 얻으면서 그와는 반대로 '아래로부터의 시민운동'으로 대중화되어 가는 프로세스를 그렸던 것이다.

우리들은 이러한 다면적인 분석으로부터 각각의 시대의 '재일'코리언이 '사는 법'의 틀을 읽을 수 있을지도 모른다.

1999년 10월

저자

※ 본문에서 인용한 문헌 중에는 경성京城과 도선渡鮮 제3국인 그리고 한반도라는 코리언에 대한 차별표현이 등장하고 있다. 필자는 이러한 차별표현을 사용하는 것에 강한 저항감을 느끼지만 본서에서는 원문의 리얼리티를 손상시키지 않기 위해 단장斷腸의 아픔으로 원문 그대로를 인용했다. 이해해 주길 바란다.

역자 후기

　본 역서는 《'在日'という生き方》(講談社, 1999年)를 번역한 것이다. 원본에서는 제1부가 '의식조사와 논쟁 그리고 해방 후의 민족운동'이고, 제2부가 '재일'코리언의 라이프 히스토리 속에서 '재일'코리언 1세 · 2세 · 3세를 각 시대를 대표하는 인물의 사는 법을 전개하고 있다. 제1부와 제2부를 저자와 상의하고 출판사와 논의를 거쳐 최종적으로 순서를 바꾸기로 결정했다. 또한 본문에 표시된 주석은 되도록 빼고, 편안하게 읽을 수 있도록 학술서적인 성격을 희석시켰다. 무거워 보일 수 있는 '재일'론을 좀더 일반적인 측면으로 다가갈 수 있지 않을까 싶어서였다. 본문 인용에 사용된 자료는 마지막에 제시한 각 장의 참고문헌 일람을 참고해 주길 바란다. 그럼 본서의 번역에서 사용한 '재일'의 의미, 그리고 '조선국적' '재일 코리언'의 개념 정의에 대한 설명부터 시작하기로 하자.

　'재일'이라 함은 1910년 한일합방에 의해 일본인으로 편입된 한반도 출신의 조선인을 가리킨다. 종전終戰 후에도 일본에 잔류한 사람들이 현재의 '재일'이 된 것이다. 1952년 샌프란시스코 조약에 의해 '재일'에 부여되었던 일본국적은 박탈당했고 게다가 한반도의 6·25전쟁으로 인해 남과 북으로 분단되는 상황이 일어났다.

이런 상황에서 '재일'은 일본정부에 의해 강요된 외국인등록의 국적조항 항목에 '조선 국적'으로 신고했는데 이것은 본래 분단된 한반도의 남쪽 혹은 북쪽의 어느 한쪽이라는 국가에의 귀속이 아니라 한반도의 한민족 총체의 '민족적 귀속의식'의 의미로 쓰여졌었다.

'조선 국적'이라 함은 물론 외국인등록 당시의 '조선 국적'자를 포함해 현재도 그대로 '조선 국적'을 유지하는 자를 포함한 조총련계의 국적 소지자를 가리킨다. 또한 재일 한국인이라는 것은 '조선국적'과는 다르게 한국의 국가에 민족적 귀속의식을 가진 자를 가리킨다. 이 재일 코리언 안에는 1965년 한·일 조약에 의해 한국과 일본이 조약을 체결했을 때 '조선 국적'에서 '한국 국적'으로 전환한 자도 있다.

이런 역사적 배경의 인식 아래 '재일'에 대한 명칭도 '재일 코리언', '재일 조선인', '재일 한국인', '조선인'이라는 호칭 등으로 사용되고 있다. 본서에서 사용한 '재일'은 남북의 어느 쪽에 대한 충성심을 나타내는 의미가 아니라 원래의 '조선 국적' 원래의 '한국 국적' 그리고 귀화하여 일본국적을 취득한 원래의 '재일'까지 시야에 넣은 개념으로 사용한다. (단 본문의 내용 중 인용문헌에 사용된 용어는 그 참고문헌의 저자 의도에 의한 것이므로 반드시 이 의미로 변환시켜서 사용하지는 않았다.)

　그렇다면 이 '재일'이 어떻게 내가 사는 현실과 크로스 되는 것일까를 묻지 않으면 안 될 것이다.

　인간은 어떻게 보면 자기가 보고 싶은 것만을 보고 있고, 느끼고 싶은 것만을 느끼고 있는 것은 아닐까. 그것은 보고 싶다는 부분(사고)이 전제되어 버린다는 것으로 해석할 수는 없을까. 그것은 다시 외부를 보지 못하고 아니 볼 수 없는 채로 구조 속에서 매몰되어지는 한계를 가질 수 있다는 것이다. 다시 말을 바꾸면, 한 사회 속에서 항상화恒常化되어버린 자신을 어떻게 발견할 수 있는가와도 맥락을 같이한다고 본다.

　'재일'의 정의를 앞에서도 설명했지만 저자의 '재일'론은 안으로부터 자기 해체를 위한 투쟁을 전개한다. 그러한 투쟁은 한국에서 혹은 일본에서 개념화되어버린 '재일' 상像의 명사적 정의를 재구성한다는 전개가 아니라 그러한 '재일'의 모습이 우리들에게 그 개념화를 낳아버린 그 자체를 되돌아보게 하는 것이다. 그 근원적이라고도 할 수 있는 문제제기를 현재진행형으로 투쟁하고 있는 것이다. 그러나 그것은 그렇게 함으로써 안전지대를 확보하고 싶어 하는 욕망이 아니라 자기 자신의 '재일'이 내포하고 있는 삶의 방식에 절개를 하는 작업으로 나타내고 있는 것이다. '재일'의 기술을 통해 '재일'이 그 형체를 드러내는 것은 그것은 동시에

'우리' 사회밖에 알지 못했던 자아의 치열한 성찰을 요구하는 외침으로 들린다.

역자는 이러한 '모습'이 있다는 것을 소개하는 것이 맡겨진 역할이었다고 생각한다. 그러나 항상 자신의 능력 밖에 있는 일만 저지르다 보니 주위의 많은 분들에게 폐를 끼치게 된다. 경주대학교의 배석주 교수님께는 번역자 태도에 관해 많은 가르침을 주셨다. 감사의 말씀을 전한다. 그리고 서강대학교 김재영 교수님께도 번역하는 과정에서 주관적인 역자의 해석에 이론적인 대안으로 자극을 주셨다. 진심으로 감사드린다.

마지막으로 출판을 기꺼이 허락해 주신 출판사 범우사에 감사하며 끝까지 같이 작업을 도와주신 편집부의 양필성 님께도 진심으로 감사드린다. 번역상의 오류에 대해서는 전적으로 역자가 받아야 할 몫의 질책이며 더 정진할 수 있는 기회로 삼으려 한다.

옮긴이 전성곤

참고 문헌

■제1장

• アラン・ウェバー「新時代の日本人企業家の旗手:ソフトバンク孫正義社長に聞く」『ハーバド・ビジネス』1992年5月號(Japanese Style Entrepreneurship: An Interview with Soft Banks CEO, Masayoshi Son, HBR Jan-Feb 1992)

• 「國際化時代に羽ばたく怪物クン」『統一日報』1982年3月13日

• 孫正義・田原總一郎「政治家は國家の經營者たれ」『中央公論』1998年4月號

• 木下英次『孫正義:企業の若き獅子』講談社, 1999年

• 孫正義「目指せ情報革命」『朝日新聞』1996年1月6日~2月3日

• 野村進「現代の肖像:孫正義」『AREA』1990年11月13日號

• 板垣英憲『孫正義:常識を破つて時代を動かす』日本文藝社, 1997年

• 霧生廣『孫正義:ソフトバンク王國の挑戰』日本能率協會マネジメントセンター, 1996年

• 瀧田誠一朗『孫正義:インターネット財閥經營』實業之日本社, 1999年

• 「ソフトバンクの常識破りの經營」『週刊ダイヤモンド』1996年1月13日號

• 「對談:孫正義 VS 淀川美代子」『經濟界』1993年8月10日號

• 「孫正義:新ナスダック・インターネットを語る」『實業の日本』1999年9月號

• 「300年先を讀むソフトバンク—孫正義」『フォーズス日本版』1999年10月號

■제2장

• 黃民基「力道山傳說」『オルタ』第一號, アジア太平洋資料センター, 1992年

• 「力道山にも祖國はあつた」『統一新報』1984年3月9日・16日

• 牛島秀彦『もう一つの昭和史1:深層海流の男—力道山』毎日新聞社, 1978年

• 石井代藏「無國籍者の悲劇:力道山」『現代小說』1979年, 『巨人の素顔:雙葉山と力道山』講談社文庫所收, 1985年

• 井手耕也「追跡'力道山」『ナンバー』第70號, 1983年

• 木村政彦『わが柔道』ベースボールーマガジン社, 1985年

• いいだもも「力道山」『朝日人物辭典』朝日新聞社, 1990年

• 野村進『コリアン世界の旅』講談社, 1996年

- 「君は力道山を見たか」『The Bigman』No. 5, 1990年
- 李春成「アントニオ猪木, 力道山の故郷に行く」『ペントハウス日本版』1995年7月號
- 櫻井康雄他『力道山とその時代』文藝ノンフィクションビデオ, 文藝春愁
- 李淳馬日『もう一人の力道山』小學館, 1996年
- 李鎬仁(崔舜星譯)『力道山傳説』朝鮮青年社, 1996年
- 梶原一騎『力道山と日本プロレス史』弓立社, 1996年
- 『日本プロレス全史』ベースボール―マガジン社, 1995年

■ 제3장
- 新井將敬『エロチックな政治』マガジンハウス, 1994年
- 新井將敬『「平成の亂」を起こせ』祥傳社, 1993年
- 「人模樣」『毎日新聞』1986年9月20日
- 「新井將敬へのインタビュー」『ペントハウス』1986年9月號
- 「竹村健一の世界の讀み方:日本民族混血時代のビジョソをさぐる」『週刊ポスト』1986年12月號
- 「こういう時代が僕を生んだ」『Esquire』1987年春號
- 「この國のために死ねるか? あの人のために死ねるか?」『プレジデント』1997年4月號
- 「新井眞理子 獨占告白:わが夫新井將敬未公開遺書」『週刊ポスト』1998年3月13日號
- 「韓國からの歸化をはじくられた元大藏エリートの胸の內」『週刊朝日』1983年6月3日號
- 「衆議院二區, 新井氏の當選, 國際示した有權者」『朝日新聞』1996年7月12日
- 「選擧民も知らなかった歸化『韓國人』の『代議士』當選」『週刊新潮』1986年7月24日號
- 家田莊子「代議士の妻たち:元韓國關だったというだけで卑劣な重傷を浴びた夫」『週刊文春』1986年10月9日號
- 栗林良光「自民黨の左ウィングを支えた都市型選擧の若き勝利者たち:新井將敬と柿澤弘治』別册寶石:自民黨という知惠』1987年3月號
- 「ビートルズが聞こえる5:差別をバネに政界へ」『朝日新聞』1988年1月8日
- 「新井代議士, の殘る疑惑」『AREA』1998年3月2日號
- 「新井將敬代議士, 自殺で隱された秘密」『週刊朝日』1998年3月6日
- 「新井將敬氏の死①~⑤」『毎日新聞』1998年3月13日~18日
- 「疑惑の淸算:檢證, 新井議員の死」『讀賣新聞』1998年3月16日~20日
- 姜誠「『新井將敬』になりきれなかった朴景在氏の50年」『現代』1998年5月號

- 栗本愼一郎「新井將敬の孤獨死」『論爭』1998年5月號
- 栗本愼一郎「新井將敬自殺の眞相」『週刊寶石』1997年4月9日號
- 中川一德「悶死―新井將敬の血と闇」『文藝春愁』1998年4月號
- 西部邁「新井將敬氏からのFAX」『Voice』1998年春
- 久保純一「新井將敬はなぜ追いつめられたか」『中央公論』1998年8月號
- 「新井將敬, 遺された言葉と書物」『(ダーヴィンチ』1998年8月號
- 拙稿「歸化代議士の神話」『モルモン文化』第一號, 新幹社, 1990年
- 「日本人への道」毎日放送, 1998年2月19日再放送)
- 「政治家新井將敬・最後の言葉」フジTV 1998年6月3日

■제4장
- 猪野健治「第三國人(原文ママ)日本全都市の夜を制す」『寶石』1966年11月
- 『日韓新時代の顔』國際日報社, 1968年
- 徐龍達「在日韓國人の職業」『別册經濟評論:日本と朝鮮人』日本評論社, 1972年
- 林浩奎『第三國人(原文ママ)の商法』KKベストセラーズ, 1973年
- 田駿「日本の中の難民・在日韓國人」『諸君』1980年
- 山本幸子「コリアン商法は世界を制す」『寶石』1984年10月號
- 李度『ソウルへの東京通信』三修社, 1984年
- 小板橋二朗『コリアン商法の奇跡』こう書房, 1985年
- 金早雪「在日朝鮮人の職業―歷史と現在」『在日韓國朝鮮人』三一書房, 1985年
- 前川惠司「在日の英雄・ロッテ重光武雄傳」『文藝春愁ノンフィクション』1987年
- 大阪興銀編『大阪興銀三〇年史』1987年
- 間部洋一『日本經濟をゆさぶる在日韓商パワー』德間書店, 1988年
- 小林靖彦『在日コリアンパワー』雙葉社, 1988年
- 游中薫『東南アジアの華僑』アジア經濟研究所, 1970年
- 游中薫『華僑』講談社現代新書, 1990年
- 全在紋 「在日韓國・朝鮮人企業經營の展開と展望」『戰後日本の企業經營』文眞堂・1991年
- 全在紋 「在日韓國・朝鮮人の納稅額について」『大學敎員懇ニュースレター』第6號, 1991年
- 吳圭祥『在日朝鮮人企業活動形成史』雄山閣, 1992年

- 在日韓國人商工會連絡會『韓商連30年史』1992年
- 新韓銀行『營業報告書』1992年

■ 제5장
- 金一勉『朝鮮人がなぜ「日本名」を名のるのか』三一書房, 1978年
- 金贊汀『故國からの距離』田畑書店, 1983年
- 神奈川縣內外國人實態調査委員會編『神奈川縣內在住外國人實態調査報告書—韓國 · 朝鮮人, 中國人について』1985年
- 京都大學教育學部比較教育學研究室編『在日韓國 · 朝鮮人の民族教育意識』明石書店, 1990年
- 辻本他『在日韓國 · 朝鮮人白書』明石書店, 1994年
- 福岡安則, 金明秀『在日韓國人青年の生活と意識』東京大學出版會, 1997年
- I市『外國人市民アンケート調査』1999年
- 山內昌之『民族問題入門』中公文庫, 1996年
- 福岡安則『在日韓國 · 朝鮮人—若い世代のアイデンティティ—』中公新書, 1993年
- Ryang Sonia, Diaspora and Beyond North Koreans in Japan, Westview Press, 1997
- J · クリホード, 有元健譯)「ディアスポラ」『現代思想』1998年 6月號

■ 제6장
- 在日朝鮮人の人權を守る會編『在日朝鮮人の基本的人權』二月社, 1977年
- 李瑜煥『在日韓國人六十萬』洋洋社, 1971年
- 飛田雄一「在日朝鮮人の法的地位」講座『差別と人權 : 4』雄山閣, 1986年
- 田中宏『在日外國人新版』岩波新書, 1995年
- 朴鐘碩「民族的自覺への道」朴君を圍む會編『民族差別—日立就職差別糾彈』亞紀書房 1974年
- 梁泰昊「民族差別と戰う市民運動」徐龍達編『韓國 · 朝鮮人の現狀と未來』社會評論社, 1987年
- 徐龍達「在日韓國 · 朝鮮人の人權擁護運動」『韓國 · 朝鮮人の現狀と未來』社會評論社, 1987年
- 徐龍達「國公立大學外國人教授への道」『韓國 · 朝鮮人の現狀と未來』社會評論社, 1987年
- 徐龍達「國公小中高教員への門號開放を目指して」『韓國 · 朝鮮人の現狀と未來』社會

評論社, 1987年
- 『トッカビ子ども會　20年のあゆみ』トッカビ子ども會, 1995年
- 韓宗碩「人權と品位を守る正當・合法的行爲」『ひとさし指の自由』社會評論社, 1984年
- 龜井靖「指紋押捺制度はやはり必要」『朝日新聞』1983年 9月19日
- 小川雅由「外國人指紋制度の成立過程とその變遷」『指紋制度を問う』神戸學生・靑年
  センター出版部, 1987年
- 小川雅由「外國人登錄業務と自治體勞動者」『指紋制度を問う』神戸學生・靑年セン
  ター出版部, 1987年
- 在日韓國靑年會『在日韓國人の居住權第3版』1990年
- 朴炳閏「21世紀に生きるための在日同胞の基本姿勢」『法的地位に關する論文集』民團中
  央本部, 1987年
- 民族差別と戰う連絡協議會『在日韓國・朝鮮人の補償・人權法』新幹社, 1989年
- 民團中央『第6次在日韓國人の權益に關する要望書』1987年

■ 제7장
- 崔勝久, 朴鐘碩, 李仁夏他「〈座談會〉日立糾彈へのあゆみ」朴君を圍む會編『民族差別―
  日立就職差別糾彈』亞紀書房, 1974年
- 坂中英德「今後の出入國管理行政のあり方」『外國人登錄』第二二一號, 1977年
- 金東明「在日朝鮮人の『第三の道』」『朝鮮人』17號, 1979年8月
- 金時鐘「〈座談會〉第三の道をめぐって」『朝鮮人』18號, 1980年4月
- 李恢成『靑春と祖國』筑摩書房, 1981年
- 姜尙中「『在日』の現在と未來の間」『三千里』1985年5月
- 姜尙中「方法としての『在日』―梁泰昊氏の反論に答える」『三千里』1985年11月
- 梁泰昊「事實としての『在日』―姜尙中氏への疑問」『三千里』1985年8月
- 梁泰昊「共存・共生・共感」『三千里』1986年2月
- 小川晴久「在日朝鮮人の新しい志向と 『國民』概念變革の課題」『教養學科紀要』第17號,
  1984年
- 山本冬彦『在日外國人と日本社會』社會評論社, 1984年
- 山本冬彦「在日朝鮮人の日本國籍取得について考える」『靑鶴』第三號, 1990年
- 永森良孝「在日韓國朝鮮人に日本國籍取得の道を開け」『毎日新聞』1990年5月4日
- 大沼保昭「在日韓國・朝鮮人の處遇改善に關する提言」『朝日新聞』1990年4月23日

- 殷宗基「日本當局の同化政策—A君への手紙」『統一評論』162號, 1978年
- 山村政明『いのち燃えつきるとも』大和書房, 1971年
- 金一勉『朝鮮人がなぜ「日本名」を名のるのか』三一書房, 1978年
- 小林慶二「歸化で搖れる民族か利便か」『AERA』1995年1月16日號
- 姜在彦『在日からの視座』新幹社, 1996年
- 尹健次『異質との共存』岩波書店, 1987年
- TH・マーシャル&T・B・ボットモア(中村健吾譯)『シティズンシップと社會的階級』法律文化社, 1993年
- 金東勳『外國人住民の參政權』明石書店, 1994年
- 金石範『「在日」の思想』筑摩書房, 1981年
- 徐京植「『エスニックマイノリティー』か『ネイション』か—在日朝鮮人の進む道」『歷史學研究』1997年10月增刊號
- ツルネン・マルティ『青い目の國會議員いまだ誕生せず』ベネッセコーポレーション, 1995年
- 李光一「今なぜ市民權か」『現代思想』1995年11月號
- 李英和『在日韓國・朝鮮人と參政權』明石書店, 1993年
- 李英和「定住外國人の參政權問題を考える」關西大學『人權問題研究室公開講座』1995年
- 李英和「戰後50年, 參政權喪失の半世紀」『現代思想』1995年11月號
- 在日韓國青年會『在日韓國人の居住權 第3版』1990年
- 徐龍達「共生社會をめざした地方參政權」桃山學院大學『總合研究紀要』第20卷第3號, 1995年
- 徐龍達編『定住外國人の地方參政權』日本評論社, 1992年
- 水野直樹「在日朝鮮人・臺灣人の參政權を停止した二つの文書」『青鶴』8號, 1996年
- 朴康弘「在日朝鮮人の參政權問題」朴鐘鳴編『在日朝鮮人:歷史・現狀・展望』明石書店, 1995年
- 『ホルモン文化3:在日朝鮮人が選擧に行く日』新幹社, 1992年

■종장
- 坂中英德「在日韓國・朝鮮人の現狀と未來は」『毎日新聞』1999年4月3日
- 金英達「朝鮮總連がまるごと分かる十問十答」『寶島30』1994年12月號

- 金贊汀『在日という感動』三五館, 1994年
- 民族教育促進協議會『すべての同胞の子供に民族教育を』1992年4月
- 金時鐘「本名について思うこと」『統一日報』1995年1月18日

옮긴이 전성곤全成坤

일본 오사카대학大阪大學 대학원 문학연구과(일본학전공) 박사 후기과정 수료(문학박사).
현재 경주대·건국대 일본어학과 강사.
논문 : 〈재일 한국인 고령자에 관한 고찰─양호 노인 홈을 사례로〉 오사카대학 문학회
《待兼山論叢》 제33호, 1999년. 〈조선민족주의를 더듬어서─친일과 반일 사이〉
《여성·전쟁·인권》행로사, 2002년. '1930년대의 최남선론 :《불함문화론》과
《만몽문화론 고찰》《말과 실천, 그리고 비평 1》, 오사카대학 일본학연구실, 2003년 등.
저서 :《일제하 문화 내셔널리즘의 창출과 최남선》(제이앤씨, 2005년).

차이와 평등의 딜레마
재일 한국인

초판 1쇄 발행─2005년 11월 10일

지은이 박 일
옮긴이 전성곤
펴낸이 윤형두
펴낸곳 **종합출판 범우 (주)**
교정 양필성
본문디자인 왕지현
등록 2004. 1. 6. 제 406-2004-000012호
주소 (413-756) 경기도 파주시 교하읍 문발리 출판도시 525-2
전화 (031)955-6900~4
팩스 (031)955-6905
홈페이지 http://www.bumwoosa.co.kr
전자우편 bumwoosa@chol.com
ISBN 89-91167-56-X 03330

* 책값은 뒤표지에 있습니다.

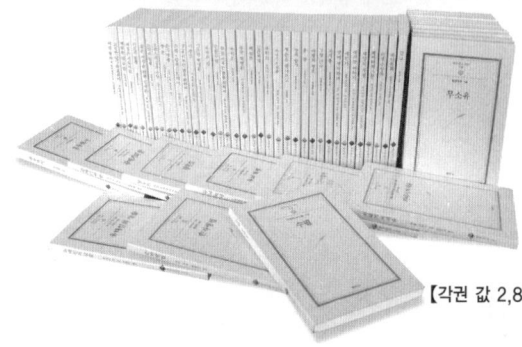

주머니 속 내 친구!

범우문고

【각권 값 2,800원】

근대 개화기부터 8·15광복까지

잊혀진 작가의 복원과 묻혀진 작품을 발굴, 근대 이후 100년간 민족정신사적으로

❶ **백세 노승의 미인담**(외) 신채호 편 | 김주현(경북대)
❷ **송뢰금**(외) 개화기 소설편 | 양진오(경주대)
❸ **홍도화**(외) 이해조편 | 최원식(인하대)
❹ **금수회의록**(외) 안국선편 | 김영민(연세대)
❺ **슬픈 모순**(외) 양건식·현상윤(외)편 | 김복순(명지대)
❻ **해파리의 노래**(외) 김억편 | 김용직(서울대)
❼ **어머니**(외) 나도향편 | 박헌호(성균관대)

❽ **낙동강**(외) 조명희편 | 이명재(중앙대)
❾ **사상의 월야**(외) 이태준편 | 민충환(부천대)
❿ **승방비곡**(외) 최독견편 | 강옥희(상명대)
⓫ **은세계**(외) 이인직편 이재선(서강대)
⓬ **약한 자의 슬픔**(외) 김동인편 | 김윤식(서울대)
⓭ **운수 좋은 날**(외) 현진건편 | 이선영(연세대)
⓮ **아름다운 노을**(외) 백신애편 | 최혜실(경희대)

범우비평판 한국문학의 특징
▶ 문학의 개념을 민족 정신사의 총체적 반영
▶ 기존의 문학전집에서 누락된 작가 복원 및 최초 발굴작품 수록
▶ 기존의 '문학전집' 편찬 관성을 탈피, 작가 중심의 새로운 편집
▶ 학계의 대표적인 문학 연구자들의 작가론과 작품론 및 작가연보, 작품연보 등 비평판 문학선집의 신뢰성을 확보
▶ 정본 확정 작업을 통해 근현대 문학의 '정본'을 확인한 최고의 역작

종합출판 범우(주) 경기도 파주시 교하읍 문발리 525-2 파주출판도시

집대성한 '범우비평판 한국문학'

재평가한 문학·예술·종교·사회사상 등 인문·사회과학 자료의 보고 —임헌영(문학평론가)

28권 발행! 계속 출간됩니다

크라운 변형판 | 각권 350~620쪽 내외
각권 값 10,000~15,000원
전국 서점에서 낱권으로 판매합니다

온고지신(溫故知新)으로 21세기를!

현대사회를 보다 새로운 시각으로 종합진단하여
그 처방을 제시해주는

범우사상신서

범우사 서울시 마포구 구수동 21-1호 전화 717-2121, FAX 717-0429
http://www.bumwoosa.co.kr (천리안·하이텔 ID) BUMWOOSA

온고지신(溫故知新)으로 21세기를!

범우고전선

시대를 초월해 인간성 구현의 모범으로 삼을 만한 책을 엄선

범우사　서울시 마포구 구수동 21-1호 TEL 717-2121, FAX 717-0429
http://www.bumwoosa.co.kr (E-mail) bumwoosa@chollian.net

범우학술·평론·예술

범우사 서울시 마포구 구수동 21-1
전화 717-2121 FAX 717-0429

범우 셰익스피어 작품선

범우비평판세계문학선 3-①②③④

셰익스피어 4대 비극

W. 셰익스피어 지음/이태주 옮김
크라운 변형판 · 값 12,000원 · 544쪽

우리에게 너무도 잘 알려진 〈햄릿〉〈맥베스〉〈리어왕〉〈오셀로〉 등
비극 4편을 싣고 있으며, 셰익스피어의 비극세계와 그의 성장과
정 · 극작가로서 그가 차지하는 문학사적 지위 등을 부록(해설)으
로 다루었다.

셰익스피어 4대 희극

W. 셰익스피어 지음/이태주 옮김
크라운 변형판 · 값 10,000원 · 448쪽

영국이 낳은 세계최고의 시인이요 극작가인 셰익스피어의 희극 4
편을 실었다. 〈베니스의 상인〉〈로미오와 줄리엣〉〈한여름밤의 꿈〉
〈당신이 좋으실 대로〉 등을 통하여 우리의 영원한 세계문화 유산
인 셰익스피어를 가까이 만날 수 있을 것이다.

셰익스피어 4대 사극

W. 셰익스피어 지음/이태주 옮김
크라운 변형판 · 값 12,000원 · 512쪽

셰익스피어 사극은 14세기 말에서 15세기 말에 이르기까지 영국사
의 정권투쟁을 다루고 있다. 여기에는 〈헨리 4세 1부, 2부〉〈헨리
5세〉〈리차드 3세〉를 수록하였는데 셰익스피어는 이러한 역사극
을 통해 세계인들에게 이상적인 군주의 모습이 어떤 것인지를 잘
보여주고 있다.

셰익스피어 명언집

W. 셰익스피어 지음/이태주 편역
크라운 변형판 · 값 10,000원 · 384쪽

이 책은 그의 명언만을 집대성한 것으로 인간의 사랑과 야망, 증
오, 행복과 운명, 기쁨과 분노, 우정과 성(性), 처세의 지혜 등에 관
한, 명구들이 일목요연하게 엮어져 있다.

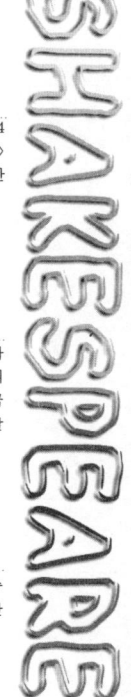

W. SHAKESPEARE

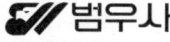 범우사 서울시 마포구 구수동 21-1호 전화 717-2121, FAX 717-0429
http://www.bumwoosa.co.kr (천리안 · 하이텔 ID) BUMWOOSA

범우희곡선

연극으로 느낄 수 없는 시나리오의
진한 카타르시스, 오랜 감동…!

범우사

서울시 마포구 구수동 21-1호 TEL 717-2121, FAX 717-0429
http://www.bumwoosa.co.kr (천리안 · 하이텔 ID) BUMWOOSA